JN072159

欲望会議

性とポリコレの哲学

千葉雅也　二村ヒトシ　柴田英里

角川文庫
22973

序

本書の三人、哲学者の千葉雅也、AV監督の二村ヒトシ、彫刻家の柴田英里が最初に一堂に会したのは、柴田英里が企画して二〇一六年七月二日に行われた「人類はもう欲望することをやめるかもしれない」というトークイベント（「カルチュラル・タイフーン2016」大会、東京藝術大学上野キャンパス）でした。この日に三人は意気投合し、一緒に本を作ろうという話になったわけです。その後、二〇一七年六月から翌二〇一八年一〇月にかけて収録し、そして編集を経た五回のディスカッションが単行本『欲望会議　「超」ポリコレ宣言』です。（千葉が二〇一七年一〇月から翌一月末までボストン・ケンブリッジのハーバード大学ライシャワー日本研究所に滞在したため、その間収録が中断されました。第三章からが千葉帰国後の回となります。）

文庫化にあたり、二〇二〇年一二月と二〇二一年一〇月に新たな鼎談を行い、増補として収録しました。

本書がタイトルに掲げる「欲望」とは、「性的欲望」のことです。

美味しいものを食べたいとか、流行りの服が欲しいとか、もっとお金を稼ぎたいとか、人間はいくつもの欲望に駆り立てられて生きていますが、なかでも性的欲望は、自分のアイデンティティ、あるいは主体性にとって特別なものだと言えるでしょう。フロイトが発明した精神分析の理論では、人間のあらゆる欲望が、根本的には性的欲望につながっているのだとされます。このフロイト流の「性原理主義」を受け入れない人もいると思いますが、少なくとも、性的欲望に何か特別なところがある（食欲などとは異なり、性について語ることには特別な恥ずかしさがあるでしょう……）ということには多くの人が同意してくれるのではないでしょうか。以下に読まれるディスカッションでは、大きく言って、「現代の我々はどのような主体であるのか」という大きな問題を、性（ジェンダー、セクシュアリティ）の観点から考察しています。本書は、ひとつの「主体論」の試みであると言えるでしょう。

本書では、性に関するさまざまな現代的事象を取り上げています。ポルノ表現をめぐる攻防、#MeTooのような新たなフェミニズムの動き、ＬＧＢＴの社会的承認の進展、ペドフィリアの問題、等々。そうした事象は、現代的な主体性とはどういうものなのかを示唆しており、そして現代人は、かつての、つまり二〇世紀までの人間から、何か深いレベルでの変化を遂げつつあるのではないか、というのが本書の仮説なのです。

ひとの心はいまも昔も変わらない、という考え方もあるでしょう。その一方で、ひとの心は歴史的条件に規定されており、時と共に「人間の本質」は変化するという考え方もあります。本書は、後者の立場をとるものです（これはミシェル・フーコーの歴史哲学を前提にしています）。ひとの心のあり方自体の現代的変化について、考えようとしているのです。

三人の論者は、それぞれに異なる視点から現代の性を見ています。

ＡＶ監督の二村ヒトシは、女性の能動性にフォーカスを当てた（男性向け）ポルノの開拓者であり、主に幼少期の親との軋轢によって生じた「心の穴」が自意識や恋愛関係に及ぼす影響について、さまざまな著書で考察してきました。彫刻家の柴田英里は、女性がいかに「個」として生きるかをラディカルに考え直すために、保守的な女性像の強制に闘いを挑んでいるフェミニストの論者です。哲学者の千葉雅也は、ゲイとしての立場から、性の自己破壊的な面を強調するレオ・ベルサーニらの理論をベースに発言し、また今回は司会的な役割を担っています。

三人はそれぞれの仕方で、いわゆる「ポリティカル・コレクトネス」（ポリコレ）に対し、過剰なまでの意識を持っている論者です。ポリティカル・コレクトネスとは、マジョリティからマイノリティに（とくにヘテロ男性から女性やＬＧＢＴに）向けられる偏見や抑圧に抵抗し、マイノリティをエンパワーするという理念です（ここでのマジョリティ／マイノリティの区別は数の問題ではなく、支配的な立場か／そうでないかという意味であり、この意味では女性はマイノリティに含まれます）。そうだとして、今日、言葉づかいやふるまいに要求されるポリティカル・コレクトネスの要求が、すべてそのまま、その理念に適《かな》うものであるとは言えないでしょう。我々は、ポリティカル・コレクトネスを重視する一方で、現在（とくにネット上で）観察されるさまざまな要求に対し、同時に、懐疑的でもあります——そのような二重の態度をとっているのです。本書を読むにあたっては、この二重性に留意していただければと思います。

さまざまなポリコレの要求が、ポリコレの理念を裏切るときがあるかもしれない、という懐疑を持つこと。ポリコレの要求には、むしろ反ポリコレ的とも言えるだろう「保守的」なイデオロギーがしばしば染みこんでおり、そのことに要求者が無自覚な場合があります。我々はそのように、状況に対して、「退いたところからのまなざし」を向けています。我々は、「いかに他者と共に生きるか」という倫理的問題をシリアスに引き受けるためにこそ、ポリティカル・コレクトネスをいわば再発明しなければならないと考えています。

単行本のサブタイトルでは、カギ括弧を付けて、「超」ポリコレ宣言と銘打ちました。この括弧に入れられた「超」が、いましがた述べた立場の二重性を意味しています。

我々は、「マジョリティからマイノリティに向けられる偏見や抑圧に抵抗し、マイノリティをエンパワーする」とはどういうことかを、改めて我々なりに徹底的に考えようとしています。この意味で、「超ポリコレ」であろうとしているのです。しかし、その考察は、現在持ち上がっているポリコレの要求の一部を、アイロニーやユーモアを使って批判することによって展開されます。この意味で、我々は、現状のポリコレを「超える」ような姿勢をとっています。

我々には齟齬もありますが、共通に問題にしているのは、「積極的に」生きるとはどういうことか、です。欲望とは、積極性です。積極性とは、言い換えれば「肯定」です。欲望とは、肯定することです。肯定的生、肯定的性。それはしかし、逆説的に思えるかもしれませんが、何らかの「否定性」としぶとく付き合い続けることを含意しているのです。一切の否定性を退けて、ただただポジティブに生きようとするのではなく、「何らかの意味で、否定性を肯定すること」が必要なのではないかというのが、三人に共通するスタンスなのです。

現代における主体性の大きな問題は、否定性の排除、否定なき肯定であり、そしてそれは、グローバル資本主義の本格化とおそらく関係しています。そしてその状況は、後に論じられることになりますが、葛藤が展開する場としての「無意識」がしだいに消滅していく、という事態としても捉えることができると思われるのです。

欲望する人間であり続けること――我々はそのための条件を考察しているのですが、しかし、時代の抗《あらが》えないうねりのなかで、欲望することそれ自体が、いつか掻き消されてしまうのかもしれないという予感も持っています。我々は、必ずしも、欲望する者としての「旧人類」を死守せよと訴えているわけではありません。この会議は、人間の移行期において、まだ語ることができることをともかくも語り合っておこうとした、ささやかな記録です。

本書が、現代の生・性を、いくらか退いて捉えるための一助となれば幸いです。

著者を代表して
千葉雅也

目次

本書に掲載した情報は、鼎談収録時のものです。また注釈内のURLは第一章－終章が二〇一八年一一月現在、文庫版の書き下ろし原稿は二〇二一年一一月現在のものです。

構成／斎藤哲也

第1章　傷つきという快楽

少女マンガという恋愛ポルノ

――二〇一七年六月二一日収録

千葉　今日は初回ですから、三人それぞれが欲望やエロティシズム全般に関して考えている問題を大雑把に出していきましょう。まず、二村さんから口火を切ってもらえますか。

二村　このあいだ、AV監督が少女マンガを読むっていう本[1]を出しました。男性向けのポルノが、男たちに欲望の在りかたを刷り込んじゃって、ポルノのせいで一部の男性のセックスが男尊女卑的・暴力的になってるんじゃないか、だからポルノは規制や禁止をされるべきだって議論があります。僕の本業はまさに男性向けポルノの制作ですが、ポルノが人間の実際のセックスに影響を与えている（正確には相互影響ですが）という説には同意します。

ただ、それをいうなら日本の類型的な少女マンガも「恋愛ポルノ」なんですよ。ポルノだというのは受け手を興奮・発情（あるいは見たり読んだりするだけで満足）させるという目的があるコンテンツ、結果が最初からわかっているコンテンツという意味です。男性向けセックスポルノなら視聴者や読者にオナニーで射精をさせる。感動ポルノなら涙を流させるという目的がある。

多くの少女マンガのヒロインは、あまり恋愛が得意ではなく、自己肯定感が低い。そういう主人公がイケメンと出会い、さまざまな障害やトラブルに直面しながらも、最終的にはイケメンから愛されて自己肯定感を得る。これが少女マンガの基本的な形式です。セックスが中心に描かれるティーンズラブ作品でもパターンは同じ。多くの少女マンガやティーンズラブに出てくるイケメンは、ヒロインに対して適度に支配的で、いい感じでヒロインを引っ張っていくという物語構造です。

そんな恋愛ポルノ的な少女マンガで、日本の女性は「恋愛とは何か」を刷り込まれて「女の自己肯定感は、男性から愛されることでしかもたらされない」という感覚を学び、かえって生きづらくなっているんじゃないか。というようなことを以前から考えていました。そこでその本では、竹宮惠子《たけみやけいこ》の『風と木の詩』や吉野朔実《よしのさくみ》の『少年は荒野をめざす』や山岸涼子《やまぎしりょうこ》の『日出処《ひいづるところ》の天子』みたいな、むしろ恋愛の暗黒面を描いてる作品、あるいは『ガラスの仮面』や『綿の国星』や川原泉《かわはらいずみ》の作品のような異色の少女マンガを紹介して僕なりに解説しました。若い人にもこういう常識からズレてい

（1）二村ヒトシ『僕たちは愛されることを教わってきたはずだったのに』KADOKAWA、二〇一七年。

る傑作をもっと読んでほしいという思いがあったからです。

僕はポルノ業者として、もう二五年くらい、女性が積極的にふるまったり男性を弄《もてあそ》んだり犯したりするAVや、女性同士がセックスするAV、女優がフェイクのペニスを装着して美少年や両性具有者に扮《ふん》するAVを撮ってきたんですが、最近は男性が撮影を通じて女性化していく〝女装AV〟も撮っています。自分の趣味や性癖が嵩《こう》じて始めた制作が、世の時流に乗って、おかげさまで売れました。また前述の少女マンガについての本以外にも、男性向け女性向けを問わず恋愛やセックスについての啓《けい》蒙書《もうしょ》も何冊か書いています[2]。それらを通じてわりと一貫して主張してるのは、ジェンダー規範に則《のっと》った恋愛観・セックス観に縛られるんじゃなくて、本当にそれが自分の欲望であるならアブノーマルも大いに結構、他者の人権を侵害しない限りにおいて人間は（とくに女性は）もっと性的に自由であるべきだ、男性も男権社会を後ろ楯に威張ることで自分を固定化するのをやめて、エロいセックスを対等に楽しんで自己受容感を高めて、みんな幸せになったほうがいいじゃないかという、なんというか、〝正論〟なんです（笑）。

千葉　セックスにおいては、一方的にではなく、それぞれに主体性を発揮して、共に興奮して絡みあうべき、というのが一つのバイタルな（活気のある）社会のビジョンにつながるわけですよね。

二村　それ、僕の考える理想郷です。表向きのね（笑）。
　でも、じつは僕の中には、菩薩《ぼさつ》のような女性から僕のすべてを許して愛してもらいたいというマザコン的な欲望があって、それを公式に表明すると女の人から怒られます。さらにいうと、甘えさせてもらった上で僕は強くて自立した美しい女性を性的に支配したいんですよ。おれのチンポに惚《ほ》れさせて彼女のマゾ性を引き出して、いろいろと悪いことをしたいというサディズムがある。
　またAV制作や恋愛について考える本を書くための取材を通して、多くの良識的な男女が「支配されたい・したい」とか「暴力的に扱われたい・扱いたい」という一見非合理な欲望を隠し持っていることを実感せざるを得ませんでした。いちおう合法的ポルノ業者である以上その問題について深入りしすぎるのはヤバい、なるべく倫理性と変態性がおもしろおかしく両立してるような場所で活動しようという世間知が、つい働くんですが……。
千葉　だけど、エロスが発動するためには、何か非対称的に踏みにじったり、踏みに

（2）二村ヒトシ『すべてはモテるためである』文庫ぎんが堂（イースト・プレス）、二〇一二年。同『なぜあなたは「愛してくれない人」を好きになるのか』文庫ぎんが堂（イースト・プレス）、二〇一四年。同『オトコのカラダはキモチいい』金田淳子・岡田育との共著、角川文庫、二〇一七年など。

じられたりする感覚が少しはどこかにあるわけでしょう。相互にアクティブになることと、非対称な関係を結ぶことは、一見矛盾しているように見えるけれど、きっとエロスにおいては矛盾じゃない。どちらの面も必要だと思うんですよ。

二村　宮台真司《みやだいしんじ》さんとの共著(3)で宮台さんが、相手の心の中に入っていくようなセックスをダイブ系、相手を自分の欲望の対象としてモノ化したりされたりする(男性だけがするとは限りません。女性も、生きてる人間である男や女の心や体の部分を、一方的にモノ化して楽しむことがあります)のをフェチ系と呼んでいます。人間のセックスにはその両方が必要なんだと、僕も思います。

千葉　だけど昨今は、性における暴力的な非対称性はできる限り見ないようにしたいとか、表にそういうものが出てこないようにしたほうがいいという傾向が強まっている感じがしますね。

柴田　たとえば、二〇一七年六月初旬に、ハーゲンダッツのネット広告が炎上したことがありました(4)。優しいだけでなくビターな一面もあるというハーゲンダッツキャラメルクラシック味をイメージした「キャラメル男子」を、「会社のナマイキだけど有能な後輩イケメンにちょっと強引に迫られる」というティーンズラブでよく描かれるシチュエーションのマンガにしたネット広告ですけど、SNS上でフェミニストを自称する人たち――ここには大学でフェミニズムを教えるような専門家から一般の男女まで、さまざまな人たちが含まれていますが――から、「女性をバカにしている」「セクハラを助長する暴力行為が描かれている」という抗議やクレームが殺到しました。同時に不買運動や、ハーゲンダッツを捨てる写真をアップしたりという過激な行動も起こり、動画はすぐに削除されました。クレームが来たら対象の表現はすぐに削除すればよいという制作者としての責任感や表現へのこだわりが感じられないハーゲンダッツジャパンの日和見な対応もどうかと思いますが、つまり、ネット上のフェミニストたちのサーチアンドデストロイが、ティーンズラブを好きな女性たち、ティーンズラブ的な作品や欲望への攻撃につながっているんです。同時期にハーゲンダッツジャパンが販促として展開した、「キャラメル男子」に扮した白人男性モデルが「壁ド

（3）宮台真司・二村ヒトシ『どうすれば愛しあえるの――幸せな性愛のヒント』ＫＫベストセラーズ、二〇一七年。

（4）「新しいクリスピーサンド『キャラメルクラシック』を渋谷で１０，０００個配布！　溝端淳平がキャラメル王子に」、goo ニュース、二〇一七年六月一日。https://news.goo.ne.jp/article/magazinesummit/trend/magazinesummit-http_editor.magazinesummit.jp_p_18655

「【詳細】ハーゲンダッツからクリスピーサンド新フレーバー「抹茶クリームあずき」登場！　さらに「エスプレッソマキアート～マスカルポーネ仕立て～」&より美味しくなった「キャラメルクラシック」も」、Street Girls Snap、二〇一七年五月二九日。https://sgs109.com/n/3858/d/

ハーゲンダッツ公式の Twitter、二〇一七年五月三一日。https://twitter.com/Haagen_Dazs_JP/status/869848298189799425?ref_src=twcamp%5Ecopy%7Ctwsrc%5Eandroid%7Ctwgr%5Ecopy%7Ctwcon%5E7090%7Ctwterm%5E3

ン」や「顎《あご》クイ」といった少女漫画やティーンズラブでよくあるしぐさをしながら新商品のアイスを無料配布するイベントは好評であったようで、再度開催されています。前者のネット動画がたまたまネットフェミニストたちに発見されてしまったことが不運であっただけなのか、顧客の合意の下でモデルが演じる「壁ドン」や「顎クイ」はOKであるが、「強引に迫る」という恋愛ファンタジーの描写がNGということなのかはわかりませんが、フェミニストを自称する人たちが、女性の楽しむ、制作過程で被害にあっている人もいない恋愛ファンタジー表現を取り下げさせようとすることは問題であると思います。

二村　強引な男性の表象を見て傷つく女性がいるのはわかるけど、それを楽しんでいる女性も現実にいると。なのに一面的に「不愉快だ、けしからん」と抗議するのは……。

柴田　少女マンガ的な表現に関して、フェミニズム批評によって読みとく必要はあると思いますが、批判と非難は違います。そして、批判すべき部分があるにしても、女性作家や女性読者が多く存在する領域を頭ごなしに否定することには強く反対です。それはすごく不毛だと思うし、そこまで主体的男性と客体的女性という異性愛の恋愛ファンタジーや、そうした関係性を弾圧しなくてもよいだろうと私は思うんです。

SNSの柴田さんは欲望を映し出す鏡

千葉　二人が共に積極的に性に関わるべきだという二村さんの主張は、非常に社会的に正しい主張で、支持されるわけなんですよね。

二村　まあ男性向けポルノ業界においては、女が主導権をもって男を性的に攻める表現は珍しいものではなくなりましたが、それでもやっぱり男が女をイカせる昔ながらの内容のほうが主流ではあるので、そこでは僕はあいかわらずオルタナティブというか変態派の一人ということになっている（笑）。一方で、女性も男性も読むような恋愛論壇、これからのジェンダーやセックスはどうなっていくのかを考えるような場では、たしかに僕の言うことはウケがいいです。ていうか僕だけじゃなく、そういう場で何かを言うようなエロ業界人は、みんな、わりと〝正しいこと〟を言います。

それに対して柴田さんの立場は、非対称的な性愛の表出にフタをしようとする傾向を強く批判するわけですよね。だから、ツイッター上でいつでもさかんに燃えている。

おそらく一般的な感覚からすると、柴田さんは激しく攻撃的に見える。柴田さん自身は、ご自分のツイートがきっかけになって炎上していることをどう見ているんですか。

柴田　私は、自分が炎上してるときに、相手が表面的にはジェンダー・スタディーズやフェミニズム的な視点から「柴田は間違っている」ということを言いつつも、ふとしたところでジェンダー・ステレオタイプに基づく偏見や蔑視《べっし》が露呈されたり、正しさという大義名分の下から何かその人の個人的な感情、「とにかく柴田を叩《たた》きたい」という「お気持ち」の部分が見えた瞬間、要するに本人が武装している理論が破綻《はたん》し、破綻した理論の核の部分に個人の感情が見えた瞬間に、もう本当に気持ちよくなっているんです。

千葉　なるほど。だとすると、柴田さんにはそういう批判者の「本当の欲望」という想定があるんですか。本当の欲望があらわにされる場面がある、と思って気持ちいいわけでしょう？

柴田　本当の欲望というより、自分が整えているところからはみ出してくる感情でしょうか。

千葉　過剰なもの、ですかね？

柴田　過剰なものだったり、すごく公正な振る舞いをしていると思い込んでいる人たちが実質上のリンチをしているところとか。そういうものが視覚化されるところに気持ちよさがあるんです。

二村　その人が思う「弱者」が被害を受けたり、大切な何かが毀損《きそん》されたことに、同情や共感の域を越えて自分自身の心の傷を投影しすぎてしまい、悪を叩くことが絶対正義なんだと思い込んで興奮して攻撃的言動に走る人たちが、世の中にはすごく多いですよね。左にも右にも。

そのことをあぶり出して「あなたのそれは、ただの感情だよ」とはっきり言ってしまうから炎上するわけですよね。で、そうやって燃えたり燃やされたりすることで、柴田さん自身も発情している?

柴田　そういう人たちが、私に対して、「お前はどうせ○○なんだろう」とか「名誉男性だ」「ネトウヨだ」とか、さまざまな憶測による決めつけやレッテル貼りをするんですね。その勘違いのなかに、その人の偏見や感情があらわれているんです。最近は、そういう雑なレッテルを、アンチフェミニストの男性よりも自称フェミニストの女性のほうから貼られることが多くなってきました。

千葉　攻撃対象として見たいイメージを柴田さんにどんどん投影してくるわけだよね。柴田さんは、それを見て面白がっているわけでしょう。勝手なレッテル貼りをされることをかえって面白がっている。一種の倒錯ですよね(笑)。人というのはそうやって溜飲《りゅういん》を下げるものなんだなという仕組みの観察を楽しんでいる。

柴田　私に向けられるそういった反応は、オカルトやネットロア(ネット上のフォークロア、都市伝説)を消費する欲望とよく似ているんです。私は、人間の表立っては隠しているものがあらわになるような構造がオカルトとかネットロアにはあると思っていて、そういうところにすごく惹《ひ》かれるんですよ。

千葉 なるほど、面白いつながりですね。柴田さんに対して、いろんな社会的立場から「お前の言っていることはおかしい」ということがいろいろ向けられるわけじゃないですか。柴田さんは、それら一つ一つをオカルト的なものとして消費しているということなのか。つまり、ありとあらゆる社会的な括弧つきの〝正しさ〟を主張する言説をオカルト言説に変換してしまう変換器として柴田さんは存在していて、そのこと自体を享楽しているってことなんだ。

柴田 はい。思想家・精神分析家のジュリア・クリステヴァの「アブジェクシオン」とも近い問題かもしれません。自分自身が「アブジェクト（棄却すべきもの）」となることによって、他者の「アブジェクション（自身と融合した状態にあるおぞましいものを棄却すること）」を引き起こし、そこにある恐怖と欲望を盗み見するような快楽です。

ホラーとポルノの並行性

二村 オカルトって話と関連するかどうかわからないんだけど、僕、怖いから自分では演出しないんですが「ホラー」というジャンルのことをずっと考えているんです。ホラーの変化とポルノの変化はよく似ているんじゃないかと。

かつてのピンク映画がアダルトビデオになって、だんだん物語性が削《そ》げていった。ただ日本のセックスビデオには女優インタビューという要素があって、それがあったから抜けたという人もけっこういるんですね。ところがDVDになると、VHSの早送りどころではなく、セックスシーンの要点だけをボタンひとつでサーチできるようになってしまった。

さらに、いまやエロDVDを購入してくださるのは少数派で、それも女優を応援しているそこそこ年配のかたばかりです。多くの若者はオナニーするためにスマホで無料の動画を（海賊版もありますが、我々が宣伝のために編集した三分から五分のダイジェストも視聴できてしまうので）利用します。タグを頼りにザッピングして、短い動画を数本見てササッと抜く。つまり、物語性みたいなものを必要としてないんです。インターネットで鑑賞するホラー、オカルトのフォークロアにも、同じようなことが言えるんじゃないかと想像します。

ホラー映画を脱構築したのは、最初は二〇〇〇年に低予算のVシネ作品として制作された『呪怨』ですが、この一連のシリーズが僕、大好きなんです。以前に柴田さんとホラー映画の話をしてて、『リング』の貞子《さだこ》はテレビからニュッと出てくるんだからあれは承認欲求で人を呪い殺してるんだけど、『呪怨』の伽椰子《かやこ》という死霊はもっとメンヘラだよねって話をしてたんです。『リング』と同じように死の呪いが人々に広まっていくんですが、なんていうか、もっと断片的で、しかも平板で、平板だからこそ意味がわからなくて怖い。さらに最近の作品だと『コワすぎ!』というシリーズも面白い。呪われて犠牲者が次々と死んでいくシーンが、ほんとに短い動画をザッピングしているみたいなんです。

千葉　それって、現代のホラーは「純粋に」ポルノ的だということではないですか。ポルノって、物語で厚みをつけることはあると思うけれど、そもそもポルノの概念を純粋化していったら脱物語じゃないでしょうか。

二村　そうなんですよ。体験型おばけ屋敷みたいなアトラクションも、ある程度は設定に凝っているけど、それは他との差異化のためのギミックで、重要なのは生理的なショックです。昔の、シナリオで泣かせて抜かせるエロゲーみたいな物語性はない。なんだかわけがわからないけど不条理に怖いことが続いていくホラーと、なんだかわからないけどエロい美人が次々とセックスを見せるためにデビューしてくれる現代のAVには並行性がある(笑)。

千葉　ポルノ研究には、ポルノの特徴とは過剰なヴィジビリティ(可視性)であるという有名な議論があります(5)。ポルノ研究というと、ポルノは是か非かという社会的なものが多く、フェミニズムでもそういう問いで紛糾してきましたが、でも純粋に映像ジャンルとして何がポルノの特徴かといったら、一つはヴィジビリティの問題なんです。このヴィジビリティというテーマを広く捉《とら》えるならば、ポルノは、見えないものが見えるとか、テレビに映っているものがこっちに向かって出て来てしまうというような、まさに貞子的なものにつながってくると思うんですよ。何かが見える、ということ自体の根本的な暴力性、侵襲性がそこでは問題になっている。

イキすぎて怖い

二村　ホラーを観ていて怖すぎて笑っちゃうというのもあり得る話ですが、過剰になることによってエロかったはずのものがだんだん怖くなっていくこともあります。AVだと、怖くなるほど女がイキすぎる作品がけっこうある。

これはゲイの人に対する僕の偏見かもしれないんだけど、男性同士のセックスであればもしかしたら、同じ男の肉体だから相手の欲望や反応が理解できる、だから狂っ

（5）Linda Williams, *Hard Core: Power, Pleasure, and the "Frenzy of the Visible,"* University of California Press, 1989. また近年のポルノ研究については、Helen Hester, *Beyond Explicit: Pornography and the Displacement of Sex*, SUNY Press, 2014.

たようにイキまくってるのを見ても怖くならない、みたいなことってあるのかな。

千葉　あると思いますよ。それは同性愛の根本に関わることでしょうね。

二村　ケツでガンギマリになってアヘーって白目剝《む》いているゲイAVもあるし、女王様がマゾ男性のケツを掘って男性が連続的ドライオーガズムに陥ることも起こりえる。ところが、男が女の人をイカせようと愛撫《あいぶ》やピストンをしていて、それで女性がマジでトランス状態に入ると、男がちょっと引いてしまうことがある。そこまでは見たくなかった、みたいな。自分でやっといて非常に勝手な話なんだけど。

千葉　見知っている範囲の勘でいえば、男同士の方がそれは比較的大丈夫なのかもしれない。ヘテロセクシャルのエロ系同人誌などでは「アヘ顔注意」とか注意書きがあったりしますね。アヘ顔していたり白目を剝いていたりすると勃《た》たないという危惧《きぐ》が大きいから、そういう注意書きがあるんでしょうね。

二村　もちろんモンスターのようなイキっぷりを見て楽しんでいる男もいる。怖いもの見たさで女がイキすぎるのを見たがる人もいる。過剰なものを見たい欲望と恐れる欲望がせめぎあっているという点でも、ポルノとホラーはつながっているように感じます。

柴田　過剰なものを見たい欲望と恐れる欲望にポルノとホラーの親和性があるとのお話ですが、ホラーとの親和性は、少女漫画においてもいえることです。かつて少女漫画誌は三つの柱として「かなしい・こわい・ゆかい」を打ち出していましたし、怖い漫画の作品数も多かった。現代の少女漫画誌では怖い漫画の掲載数こそ減りましたが、ホラー漫画の需要は脈々と続いています。

千葉　女性が白目を剝いてしまうことへの男性の恐怖って、コンテクストが多重になっていると思うんです。

ここまで相手をイカせるんだという万能感みたいなものがプラスに作用する側面もあれば、しかしセックスってやっぱり暴力的な行為で、女性をこんな状態にしてしまうという自分の暴力性に対する恐ろしさみたいなものも喚起させる。

他方で女性の立場に感情移入することもあるでしょう。つまり、自己破壊して、こんなにもう頭が真っ白になっちゃう状態になっているという女性の立場への感情移入の快感と恐ろしさですね。

こういうふうに、能動側に立つことの怖さや道徳的なまずさへの危機感もあるし、受動側で満たされる立場になることの危惧というのもあると思いますね。

受け身的自己破壊

千葉　いまのイキすぎるという話を引き受け直すと、僕が常にエロティシズムにおいて問題にしているのは、とにかく受動性なんです。受けの立場をどう考えるか。受け的な欲望のあり方をどこか本質化してしまうところが僕にはあります。

そこは自分の理論上の弱点でもあるし、政治的な弱点なのかもしれないけれど、性的欲望の本質を、受け的な自己破壊として捉える傾向が僕には強くある。もっと主体性をしっかりさせて、よりちゃんとセーフティを確保した上で主体的に性に関わっていきましょうという動きが強くなっていくと、受動的にグダグダになってアヘアヘになるという性の本質的なリミットが無化されていく、という懸念を感じるわけです。

僕が不当に性における受動性を本質化している可能性もあります。性における能動的な立場をもっと重視する人もいると思いますから。でも、僕はどうも能動的な立場を嘘くさいと考えてしまう。絶対、その裏には受動性があるといいたくなっちゃうんですよ。だから「主体的にしっかりと性に適切に関わることが大切だ」みたいな言い方は、どうも信用ならない。これが僕のデフォルトの感覚なんです。

二村　「めちゃくちゃにされたい」というところに性の本質があると考えるんですね。

千葉　ええ、そうです。理論的には、セクシュアリティの理論家であるレオ・ベルサーニの考え方に近いです。ベルサーニの場合は、セクシュアリティの本質は、とにかくめちゃめちゃにされて、自己破壊を快楽に転化することだといっている。だからこそ、人間誰しも本当はセックスを嫌悪しているというんですよ。(6)

二村　そうか、そこもホラーとつながってくる。

千葉　まさにそうですね。セックスの本質的なホラー性です。さらにいうと、クィア・スタディーズの分野では、このベルサーニの打ち出した徹底して受動的なセックス観から、アンチソーシャル・セオリーといわれる一派につながっていきます。

いろんなマイノリティの当事者は、互いの問題の共通点を認識しながら、世の中できちっと権利主張をしていこうとやってきた。それはソーシャルな活動ですね。それに対して、アンチソーシャル、反社会的な立場というのがあるんです。クィアな欲望はそもそも倒錯的な欲望なんであって、それはどうしたってマジョリティ社会の規範性からは逸脱する。ましてや、子供を産んで人類の存続に貢献しましょうというのとはぶつかるのがクィアな欲望なのであり、基本的にクィアであることはもうノー・フューチャー（未来なし）を宣言することなんだ、という議論が出てきた。

クィア理論家であるリー・エーデルマンの『*No Future*』という本はかなり挑発的です[7]。クィアであることを徹底するんだったら、もうとにかく社会の未来なんてくそ

（6）レオ・ベルサーニ「直腸は墓場か？」酒井隆史訳、『批評空間』第二期八号、一九九六年。(Leo Bersani, "Is the Rectum a Grave?," in *Is the Rectum a Grave?: And Other Essays*, The University of Cicago Press, 2009.)

（7）Lee Edelman, *No Future: Queer Theory and the Death Drive*, Duke University Press, 2004.

食らえだ、というかたちでアンチを突きつけるんだと。これはもちろん物議を醸しました。

その後のクィア・セオリーは、そこからもう一周回っています。ノー・フューチャーは一つの挑発的な言い方だったけど、それじゃいくらなんでも絶望的だろう。だから、アンチソーシャル・セオリーを踏まえた上で、もう一回クィア・フューチャー、あるいは複数形でのクィア・フューチャーズをどう考えたらいいのかという問題提起も出てきている[8]。

二村　クィア・フューチャーズというのは、クィアな人の未来をどう考えるんですか？

千葉　大きくいえば、人類の存続とクィアな外部性を単に排他的にではなく考えようとするんでしょうね。論点はいろいろだと思います。ともかく、クィアなものが社会で受け入れられるときのマジョリティとの共犯関係に重々注意しなければならない。

二村　マジョリティとの共犯関係にはなぜ注意を払うべきなんですか？　そうなるとつまんなくなるから？

千葉　そもそも自分たちを抑圧しているシステムを温存することになるからです。

二村　ああ、そういうことか。

千葉　だから、我々がいかに「社会のゴミ」であるかという自覚をきちっと保ちながら、そのゴミ性を人類の未来にどう活《い》かすかを考えようということでしょう。

だけど僕としては、微妙な気分ですね。やっぱりエーデルマンのノー・フューチャー宣言は、倫理的にすっきりしていると思うんですよね。そこから、未来を考えなきゃいけないところにもう一度向かっていくというのは、微妙な改良主義になると思う。自分としてはどう考えたらいいものか悩ましいんです。

二村　破滅的であれというノー・フューチャーに対して、そうはいっても本当にみんな死んじゃうわけにもいかないし、生き延びていくために……という話が出てきたんですね。

千葉　僕の『動きすぎてはいけない』にもまさにそういう面がある。あの本でいっている「動き」というのは、セックス的な動きや欲動の動きだとも思うんですが、自己破壊のほうに完全にダイブしちゃったら終わりですから、そこでどうやって戻ってくるかという話なんですよね。

柴田　でも、それって逆に破滅を続けるための延命でもあるんですか。草間彌生《くさまやよい》の自伝的小説[9]に、「死」は「生」に対して一瞬で終わってしまうから、死よりも素晴らしい終わらない死、日々連続する死として「病」を提示し、「病」によって「生」に打

（8）*Queer Futures: Reconsidering Ethics, Activism, and the Political*, eds. Elahe Haschemi Yekani, Eveline Kilian and Beatrice Michaelis, Ashgate, 2013.
（9）草間彌生『マンハッタン自殺未遂常習犯』工作舎、一九七八年。

ち勝つことが創作理念として掲げられ、具体例として路上でヒッピー達が突然裸になる「ハプニング」や、最初期のゲイリブとしての側面を持つ「クサマ・オージー（乱交）」が紹介されたことを連想しました。

二村　「終わらない死で、生に打ち勝ち続ける」って、すごいな。

千葉　そうそう。終わっちゃうからね。一回でイキきっちゃったら終わっちゃうから、破滅し続けるプロセスを続けようと思ったら戻ってこなきゃいけないわけです。

オーガズムはポストトゥルース

二村　本当に心身ともにめちゃめちゃになったら一発で死んじゃうもんね。

千葉　だから僕の場合は、身の安全をいかに確保するかということに神経症的になるんですよ。

柴田　そのマゾヒズムは、サディズムをコントロールしたいという欲望にはつながっていないんですか。

千葉　もちろんあります。だけどマゾ側がサド側をコントロールしきっちゃったら全然面白くない。やっぱり、向こうが自発的にこっちを攻めるかのようでなければ。

たとえば、先輩後輩妄想みたいなもので、体育会の上下関係でやむを得ない状況におかれて攻められるようなことがそこそこのもっともらしさで成立しないと。だけどあくまでもそこそこのもっともらしさであって、それが本当に単なる抑圧状況になったらレイプになってしまう。だから、そこそこのもっともらしさという微妙なラインですね……。純粋な自己破壊ではなく、やっぱり倒錯なんです。ごっこ性を楽しんでいるところがある。すごい変態ごっこをしていること自体に興奮するところがあって、リアリスティックになるのがベストかというとそうじゃない。本当であることよりも、むしろお互いコスプレだよねということがわかっている状況こそがかえって興奮を加速するような局面があると思うんです。

二村　AV女優が、付き合っている彼氏とのセックスだとオーガズムを味わえないんだけど、男優相手だったらイキまくるようなことは現実にいっぱいあります。AVにファンタジーを持っている人たちは「やっぱりAV男優ってセックスがうまいんだ」という浅いことを言うんだけど、そんなことじゃないんですよ。

彼氏には自分の正体を見せたくないからイケない。撮影だと、AV女優というコスプレをしているからイキまくれる。コスプレをすることで、ブロックが外れることがある。

ちょっとスピリチュアルっぽいいやらしい言葉を使えば、そのことによって彼女の抑圧が壊れ、それまで傷ついていた魂が救われている。もうちょっと冷静な言い方を選べば、AV女優にならないと味わえなかった快楽を得ているということが、どうやらある。僕はAV女優当事者じゃないので本当のところはわからないけれども、どうやらそういうシステムはあるらしい。SMプレイも、不倫も寝取られも、ロールプレイング的におたがい別人になりすますセックスもそうでしょう。言い訳がアクメをもたらしやすくする。

でも、それはけして演技だとはいえない。すごいオーガズムを見て、AV女優ってみんな演技がうまいねって、これまた浅いことを言う人たちがいるけれど、本当かウソかということじゃないんだよね。

千葉　本当とウソを超えるところにオーガズムがあるってことじゃないんですか。だからウソに偏っても本当に偏ってもたぶんダメなんですね。

二村　そうですね。でもそこで傷つきやすい男性AVユーザーたちは「AV男優ってセックスうまいですね。おれはとても敵《かな》わない」とか「電マって凄いな」とか「やっぱり女って凄いな」とか、逆に「あんなのどうせ全部、演技だろ」って思ったり、本当かウソかの二分法で見てしまう。

千葉　ああ、なるほど。ひとはフィクションとトゥルースの間でどうしても揺れちゃうんだけど、オーガズムはポストトゥルースなんですね。

社会彫刻としての「炎上」

柴田　二村さんの言う傷つきやすい男性AVユーザーたちの反応って、過激化して性嫌悪になっているネットの自称フェミニストたちとすごくよく似ています。性嫌悪のフェミニストたちは、AV女優さん本人に「これは演技ですから」と言われても、「ふざけるな、おまえはレイプされたんだ」とか言い返す。つまり、フィクションを本当だと受け取ってしまうわけです。ヒッチコックの映画を参照し、「女性観客は受動的（女性的）対象に自己同一化するしかない」と結論づけたローラ・マルヴィの試論「視覚的快楽と物語映画」[10]は、その後多くのフェミニストたちに批判され、女性観客の持つ様々な欲望と視点が解明されてきましたが、こうした性嫌悪の自称フェミニストたちは、テクスト的身体と距離を取る能力が欠落していると言わざるをえません。
おそらく両者ともに、本当でもウソでもいちいち傷ついてしまうから、本当もウソもやめてほしいというのが本音なんじゃないでしょうか。

(10) ローラ・マルヴィ「視覚的快楽と物語映画」斉藤綾子訳、『imago』第三巻十二号、青土社、一九九二年。

千葉　ベルサーニは、我々は自己破壊的なオーガズムが怖いからセックスが嫌いなんだと言った。それは言い換えれば、オーガズムとはポストトゥルースだからでしょう。つまりオーガズムというのは本当とウソを超えることだから、結局、オーガズムが怖いというのは、本当とウソというバイナリー（二元性）が破壊されることが怖いんですよ。

本当とウソという二元性自体が破壊されることとは、一番自分の存在が揺さぶられることです。それを恐れるから人はセックスを恐れるんじゃないですか。

二村　ポストトゥルースだからこそ、セックスは魅力的なのに。

千葉　でも、本当とウソの間でギッタンバッコンするのが怖くなっている。

柴田　ただ、こうした性嫌悪の自称フェミニストたち自体に、じつはそのギッタンバッコンがすごくあるんですよ。私が批判される時でも、フェミニズムの理論として柴田はおかしいという批判と、柴田はむかつく、消えてほしいという感情との拮抗《きっこう》があらわれている。それを見るのがすごく気持ちいいんです。

千葉　なるほど。まさにその両極の拮抗が起こっている状況自体がオーガズム的なものだってことですね。

柴田　はい、そうです。

二村　たくさんの〝わからず屋たち〟と、かわるがわる次々とセックスしている感じかぁ。そりゃ興奮するだろうね。

千葉　乱交的状態なのかな。

柴田　大乱交です。私はもともとセラミック彫刻が一番の専門だったのですが、当然ながらセラミックって粘土で造ったものを焼くんです。そして焼くときには、手をまったく加えられないし、焼くことによって粘土そのものの質が変化する。こういう窯焼きをしている状態と、自分の炎上状態はすごく近い。つまり、炎上している状態は、自分の発言が自分のコントロールを離れて、いくら弁明しても話なんて聞いてもらえないし手に負えません。怒れる人たちは、炎のようなものです。多少、火加減を調節することくらいはできますが（笑）、私の言葉が私の手元を離れて焼かれ燃え上がっている状況に変わりはありません。

千葉　その場合、何が焼き上がるんですか。

柴田　その人たちの気持ちが焼き上がるんですよ。私が造ったある形（言葉）が炎上の熱によって変質する。ある言葉が触媒となり、多くの感情を呼び寄せ、呼び寄せられた感情の集合が形になる。ログで残ったものがいわば「彫刻」です。たとえば、拮抗している建前と本音や、普段は見ないようにしている、ないことにしているようなおぞましいものが焼き上がってでてくる。

二村　それを見て「焼き上がった！」って興奮しているのか。ヤバいね柴田さん。

千葉　社会彫刻だね。「社会彫刻」を提唱したのは誰でしたっけ？

柴田　ヨーゼフ・ボイス。

千葉　そうだ。柴田さんのやっていることは、ボイス的なんだね。

柴田　フェミニズム彫刻として評価して頂けるかはまったくもって未知数ですがね（笑）。

ろくでなし子批判の背景にあるもの

二村　そんなに戦略的にやっているって初めて聞いて、びっくりしました。もっと丸腰でブッ込んでいってるのかと思ってた。

柴田　美術業界の話でいうと、女性は、そもそも描く主体ではなく描かれる客体、描く主体である作家であったとしても、男性作家よりも劣る二流の作家、あるいは、子供に絵を教えるような教育者が主流でした。つまり、女性性の延長としての創作活動が求められ、描くモチーフも花とか子供とか、自分の身近にある素材で片手間にやるのが望ましいとされていたんです。その後、一九七〇年代の第二波フェミニズムとともに、フェミニズム・アート(11)のような流れが出てきて、男性に描かれなかった女性性、あるいは、未《いま》だ形をもっていない新たな女性性を表現することが行われてきた。でも、そのフェミニズム・アートってとりわけ七〇年代のものは顕著ですが、痛々しかったり悲しかったりするものが中心なんですね。要は、男性に理想化され得ないような女性身体の表象が、当時から現代に至るまでのフェミニズム・アートの特徴といっても過言ではありません。フラジャリティやヴァルネラビリティ（脆弱性《ぜいじゃくせい》）と不可分なその領域では、例外はあるものの、女性自身の純粋な攻撃性や破壊欲求といったものはずっと疎外されていたり、安易に自然としての母性に回収されたり、男性的な攻撃性と等しいものとして排除されたりしている。私はそこに興味があるんです。

二村　ろくでなし子さんのように、女がまんこを描くのはフェミニズム・アートなの？

柴田　フェミニズム・アートの王道といえば王道なんですよ。なのに、逮捕されたろくでなし子さんの活動が、彼女の逮捕を反対する声の数に対して、フェミニストたちからはイマイチ擁護されなかったのは、作品が愉快に笑ってしまえるようなものだから。

二村　そこに被害者意識がないから？

（11）フェミニズム・アートの歴史に関しては、リンダ・ノックリン「なぜ女性の大芸術家は現われないのか？」松岡和子訳、『美術手帖』、第二八巻通算四〇七号、美術出版社、一九七六年。ジュディ・シカゴ『花もつ女――ウエストコーストに花開いたフェミニズム・アートの旗手、ジュディ・シカゴ自伝』小池一子訳、パルコ出版局、一九八〇年など。

すよ。

柴田　被害者意識もないし、しかも下ネタ的なまんこだった。あれが許されないんで

たとえば、フェミニスト美術家のジュディ・シカゴの《ディナー・パーティー》という有名な作品があります。巨大な三角形のテーブルに、女性器を模した装飾的な陶器のディナーセットを並べている。これはフェミニズム・アートの金字塔といわれているものですけど、いままで抑圧されてきた女たちの解放を意図している。そこに並べられている女性器を模した皿は、男性から目を背けられるようなエグいまんこばっかりなんですよ。アヘ顔としての女性器のような表現なんですね。

ろくでなし子さんもやっていることは似ているけれども、面白さやネタ、ギャグがそこに加味される。「ろくでなし子はシカゴの焼きなおしである」として一蹴《いっしゅう》する見方もあるけれど、作品の質が著しく異なるので、私はその見方をとりません。小学生が、うんこ、ちんちんと言うのと同じような感覚がろくでなし子さんの新しさであり、そこがマッチョ的だと叩かれる要素でもあるんです。

千葉　その点は大事ですよね。小学生が気軽にちんこと言うみたいな感じで、気軽にまんこと言うことはどうやったら可能にできるかって、長く問いとしてあった。「おぱんぽん」とか「おまんまん」とか言うと、ますますもっていやらしい感じもするし。

柴田　「だいじだいじ」とか、いろいろ出てきましたね。

千葉　そのなかで非常にストレートに、まんこをそのままちんこと同じイントネーションで発音させるようなことを試みたのがろくでなし子さんということ？

柴田　そうですよ。「まんにちは」とか「おつかれさまんこ」みたいな、まんこやちんこを絡めたあいさつをするとか。

千葉　まんこ漢字ドリル的な。

柴田　はい。私は、ろくでなし子さんがフェミニズム的に評価されるところはそういうところだと主張をしているんです。でも、いままでのフェミニズム・アートの流れからすると、自分たちがこれだけ傷ついてきたものを笑わないでほしいという、自分の傷つきに変換してしまうんですよ。

千葉　そんなことが言われてるんですか？　男がちんこを笑えるのは、男は強者だから。でも、女性はまんこをそんなふうに笑えないはずだと？

柴田　そうです。あとは、既得権益を持った強者である男性たちに利用されかねない不用意さがある、とかですね。朝日新聞での上野《うえの》千鶴子《ちづこ》さんの見解[12]がまさにこれでした。

千葉　そういう人と戦うのは大変だね。だって、自分自身のネガティブな要素をあえて笑うことによってエンパワーすることって、クィアやゲイという表現だってそうだし、すごく歴史のある手法でしょう。

柴田　そうですよ。だけど、近年それがだんだん難しくなっている。女性芸人の自虐的なブスネタや、女性イラストレーターが痛気持ちいい意地悪な視点で描く女性イラストといったものが、「女性差別を助長する」「女の自己肯定感を奪う」などという理由で批判されはじめています。現代において、たとえばシンディ・シャーマンみたいな女性作家が新たに生まれるのは難しいのではと思います。シンディ・シャーマンは、女性のクィア的な観念を持ったアーティストで、社会的な性としての女性性を、グロテスクさを孕《はら》んだセルフ・ポートレートという形で作品にしている作家です。

千葉　女優のコスプレをしたりとか、何か乱暴なことが起こった後を想像させるような感じで床にごろんとなったりとか、不穏な場面のセルフ・ポートレートですよね。

柴田　はい。「客体としての女性」がキッチュかつグロテスクに可視化されているクィアなセルフ・ポートレート作品でシャーマンが有名になった一九八〇年代でも、「強姦されたばかりの女性をセクシーに見せようとしているからダメだ」といったフェミニストからの批判⑬はありましたが、弱者への寄り添いや共感とケアにより重きを置くようになった近年では、その傾向はより強まっていると思います。

千葉　美術の専門家だったらそんな馬鹿なこと言わないと思うなあ……。柴田さんが言うフェミニストって、本当に実在するのかって思うときがあるんだけど。

柴田　二〇一五年には、シンディの一九七六年の作品《バス・ライダーズ》が黒人を非人道的に扱う「ブラックフェイス」の差別表現であり、シンディは美術作品に黒人鑑賞者がいることを考慮していない「白人中心主義者」であるとしてバッシングする「#CindyGate」というキャンペーンがSNSで行われました。[14]《バス・ライダーズ》は、シンディが大学を卒業してすぐの二二歳の時に制作したもので、彼女のアーティストとしてのキャリアがはじまる前の作品であり、代表作である《アンタイトルド・フィルム・スティール》のアイデアに繋がる、老若男女さまざまなバスの乗客にシンディが扮したモノクロ写真の作品です。「メディアにおける女性の客体化」をセル

(12)「耕論　性表現と法規制　林道郎さん、平野啓一郎さん、上野千鶴子さん」、『朝日新聞』、二〇一六年七月二七日。「ネット上のデータは、表現者の意図を無視して世界中に広がる。だからこそ、フェミニストはこれまで、作品が意図しない形で消費されないよう、公開する場を女性限定にするなど慎重な配慮をしてきました。ネットや複製技術が進化した現代では、より慎重さが求められて当然です。

「性器を自分自身に取り戻す」と言いながら、大切な性器のデータがあずかり知らぬ形で消費されても関知しないというのは無責任です。フェミニストたちが今回の件で、沈黙しがちだったのは、男性に利用されかねない点に違和感を持ったからでしょう。

なにより、アーティスト自身が傷つかないのでしょうか。彼女の無防備さに、セクハラが蔓延（まんえん）する男性中心の社会で「わたし、これくらいは大丈夫なのよ」と言いながら、感受性を鈍くして生き延びてきた現代女性の「鈍感さ」を感じます。」

(13) 川田都樹子「「ジャンヌ・ダルク」はこうして造られた——シャーマンをめぐる批評界の動き」、『美術手帖』第四八巻一〇号、美術出版社、一九九六年。

フ・ポートレートによってクィアに表現するシンディ・シャーマンの作品に、しかも、今とは価値観の異なる過去作品に、白人女性であるシンディの当事者性が求められているのです。このことをどう考えるべきなのか。

また、美術批評家の黒瀬陽平が二〇一七年五月号の『美術手帖』に書いた「ソーシャリー・エンゲイジド・アート」展の展覧会評(15)に対して、「ソーシャリー・エンゲイジド・アート」展の実行委員が美術出版社の社長宛に抗議文を送りつけたり、主催者側に批判的な解釈を「事実誤認」と断じたりする記事をＷＥＢで公開することもありました。批評に対して批評家に反論するのではなく、出版社の社長に抗議文を送ることを是とする背景には、「社会のための行為は肯定されてしかるべきである」という思い込みがあるのでしょうし、批評そのものの無効化に他なりません。

千葉　黒瀬さんのその件もありましたね。シャーマンのことにしても、ソーシャリー・エンゲイジド・アートにしても、社会倫理が最優先である、と。芸術は芸術である以前に社会の中の行為なので、社会的な価値としてどうなのかというのを優先する人たちがいる。しかしそれにしても、シンディ・シャーマンはすごく複雑に倒錯した作品なのに。

柴田　だから倒錯性をまったく理解していない批判なんです。

二村　倒錯性で自分が揺さぶられる前に、自分が被害者であることを「すべての女性は被害者である」って変換しちゃうってこと？

柴田　はい。そして、自分の感性の問題を社会の問題にそのまま置き換えてしまう。たとえば、5ちゃんねるに「まーん」というスラングがあります。「おまえ女だろ」みたいなニュアンスのスラングですけど、そんな5ちゃんねるの言葉に対しても、私の女性性、女性器が傷つけられたと思ってしまう。ここにも、「女性観客は受動的（女性的）対象に自己同一化するしかない」と結論づけたローラ・マルヴィ同様の単純化と、テクスト的身体と距離を取る能力の欠落があります。

二村　でも、そういう人たちは実際に、過去に何らかの傷を受けているわけだよね。傷ついている彼女たちと、対話はできない？

（14）“#CindyGate and the Lasting Stain of Cindy Sherman's Blackface Photos,” *vice*, October 30, 2015, https://creators.vice.com/en_us/article/53wkxb/cindygate-and-the-lasting-stain-of-cindy-shermans-blackface-photos
　Priscilla Frank, “Cindy Sherman's Early Blackface Photos And The Art World's White Gaze,” *HUFFPOST*, August 18, 2016, updated August 31, 2016. https://m.huffpost.com/us/entry/us_57b5abb5e4b0fd5a2f415daa
　Seph Rodney, “Cindy Sherman in Blackface,” *HYPERALLERGIC*, October 29, 2015. https://hyperallergic.com/246851/cindy-sherman-in-blackface/

（15）ソーシャリー・エンゲイジド・アート展実行委員会「『美術手帖』5月号　SEA展のレビューを問う」https://www.art-society.com/report/review_bt.html

柴田　うーん……、私は、自分自身で回復しようとすごく思うんです。私は、ジュディス・バトラーのように、自分が行為することによって関係性を変えていくことが大事だと考えるフェミニストです。でも、自分のジェンダーは構築できるものだとするバトラーのようなポストモダン以降のフェミニストは、第二波フェミニズム的な立場のフェミニストたちからいまだに反発が強い。日本の現代のフェミニズム、とりわけ、社会運動と関わるような領域においては、まだまだ第二波フェミニズム中心です。ジェンダー構築主義とジェンダー本質主義の戦いですね。

千葉　細かいことかもしれないけど、バトラー的な構築主義って、自分でジェンダーを構築できるのではなく、構築されてしまっているという所与性、受動性こそがポイントなのだという議論があって、そことぶつかる話かなとは思うけどね。(16) 僕としては、被構築性があると同時に、柴田さんが言うような自発的な構築の可能性、言い換えれば主体の可塑性があるという立場ですね。それはともかく、多くの人は、構築主義をどう考えるかという問題よりもっと単純に、一定のジェンダーアイデンティティに基づいて話をしているんでしょうね。

柴田　はい、一見すると「リベラリズム的なもの」でコーティングされたジェンダー本質主義が現在のインターネットにおける社会運動やフェミニズムの主流なんですよ。

千葉　僕にはあまりそこが見えてないんでしょうね。

ジェンダー本質主義とジェンダー構築主義

柴田　そういうフェミニストは、女性性を本質的なものだと考えます。たとえばレイプという問題があったとしたら、その傷ついた女性器や女性を、ジェンダー構築主義者はどう引き受けるのか。相対化したりすることは、何も見ないようにして、その引き受けから逃げているだけじゃないかと批判するわけです。

おそらくフェミニズムとクィア・セオリーは、いますごく変な形でねじれています。フェミニストも、クィアやLGBTについて発言するけれど、それは非常にアライ(理解者)的なポジションで言うわけです。要するに、マイノリティだって社会に参加したいし、本当は結婚もしたくて子供をもちたいんですと。そういう前提からクィアやLGBTを語る。

千葉　健全なマイノリティ像ということですね。

柴田　そうです。クィアな欲望を異性愛的に書き換えるような欲望と、ジェンダー本

(16) 井芹真紀子「〈トラブル〉再考:女性による女性性の遂行(パフォーマンス)と攪乱」、*Gender and sexuality: Journal of Center for Gender Studies*(国際基督教大学ジェンダー研究センター)、第五号、二〇一〇年。

質主義的なものが接続している。BLにおけるオメガバースの流行、現代美術の領域では、レズビアンカップルが子供をつくるという想定の作品である長谷川愛の《(不)可能な子供》や、ラブドールが妊娠するというアイデアをマタニティ・ヌード・ポートレートとして提示した菅実花《かんみか》の《ラブドールは胎児の夢を見るか》など、妊娠のクィア化とクィアの異性愛再生産化が同時に起こっています。妊娠のクィア化に一定の意義はあるにせよ、そこには、女性性と妊娠・再生産の結びつきの更なる強化という無視できない問題があります。そこを無視して安易にLGBTQと接続させた文脈で評価することは、「マイノリティも家庭を持って、再生産に貢献しながら社会で健全に生きていきましょう」という保守化を単純に礼賛するようなものです。

千葉　そうですね。そういう傾向がどれぐらいメジャーかに関しては、僕はいまひとつ測りかねている気がしていたけど。すごくメジャーなのかな？

柴田　メジャーだと思います。

千葉　同性愛者が規範的に、一級市民として養子をとって子供を育てるというのは、まさにノー・フューチャーの真逆なわけです。

柴田　ハッピー・フューチャーですね。

千葉　ヘテロノーマティブな人たちと手を取り合ってハッピー・フューチャーを目指しましょうというビジョンって強いんだろうね。基本的にそれに対して僕はくそ食らえだと思うわけ。ついでに言えば、東浩紀《あずまひろき》さんの子供に関する議論も、前から抵抗があるんです。なんだかんだいって人類を存続させなければならないんだから、生殖＝再生産は何らかの仕方で引き受けて考えるしかないし、それを引き受けるのが大人でしょっていう態度を含んでいると思っていて。

柴田　『インターステラー』みたいな話ですよね。

千葉　そうそう。東さんの家族論には何か同意できないものがある。たとえ、生まれる子供を偶然性の産物と言ったところで、それが人類存続とつながるという点では、やっぱりアンチソーシャル・セオリー的に反感を感じる。

二村　僕は東さんが引用した映画『インターステラー』は、そんなに嫌いじゃないんです。クリストファー・ノーラン監督って綺麗事《きれいごと》ばっかり言っているように見えるから、マニアックな映画好きからは評判が悪い。でも僕は同じく綺麗事を言う人間として、ノーランは嫌いではない。

『インターステラー』は、たしかにベタベタの人類賛歌だって言えばそうだけど、見方を変えると、あれは一人の狂人の物語なんです。親子の情が宇宙の神秘に接続され、超次元から人類を救い、希望は存続していくというのが、すべて妄想だという解釈も成り立つ……。まあ、僕自身が変態商売をやりながら結婚してて子供もいるってことが、あの映画をそういうふうに擁護させている可能性もありますが。

それはともかく、「アライ」と自称する人たちって「自分は変態ではない」という前提でセクシャルマイノリティを応援しましょうと言ってるでしょう。

千葉　そうそう。

二村　あれにこそ僕は違和感があります。

僕は、あらゆる人間は変態だと思うんです。若いころのタモリも、生殖するため以外の、つまり膣《ちつ》にペニスを入れて中で射精する以外のあらゆる性行為はすべて変態である、と言った。コンドームつけるとか、夫が妻のおっぱいを愛撫《あいぶ》するとかキスするとか、めちゃめちゃ変態行為じゃないかとタモリさんは見抜いたけど、アライを自称してる人たちの多くはそうは思っていないよね。男と女が普通にセックスして結婚して幸せになることは「まともなことなんだ」とおめでたく思いこんでて、その大前提で「愛のある生活をしてるLGBTの皆さんも僕らとやってることはちょっと違うけど魂は同じで変態じゃない、まともだ！　応援しよう！」と言っている。

柴田　愛だと思っています。いや、愛だけだと思っていますね。

ゾーニングとマイノリティの欲望

二村　いまの話を別の角度から考えたいんだけど、コンビニに置いてある成人向け雑誌以上に、インターネットでエグいのと出会えちゃうじゃないですか。ああいうネット上の露出を、エロ嫌い、ポルノ嫌いの人は猛烈に批判しますよね。

僕は、またちょっといい子ちゃんなことを言いますけど、暴力的なポルノを嫌悪する人たちの気持ちもわかる。見たくないものがこの頻度で目に入ると、そりゃ嫌悪感も深まるだろうと。

柴田　私は基本的には、ポルノはゾーニングをすべきだと思っています。ただ、本当のマイノリティの欲望は、ゾーニングを超えなければ延命できないという思いもあるんです。

千葉　本当のマイノリティの欲望はゾーニングを超えるってどういうこと？

柴田　ゾーニングをいくらしても、微妙に超えてしまう部分があるというのがまず一つ。それから、たとえばロリレイプやショタレイプのようなやばい欲望を完全にゾーニングしてしまったら、先天的にそういう欲望を持っている人たちを排除することになってしまうからそこは育てたいという気持ちがあるんです。私は、ジェンダーは構築されたものであり、自ら構築することも可能なものだと考えているけれど、セクシュアリティに関しては、変更不能な本質的な部分もあると考えます。

つまり、完全なゾーニングをすると、必然的に異性愛の欲望ばかりが表面に出てきてしまう。本当はマイノリティである人が自分の欲望にたどり着くためには、ある程度はゾーニングを超えて、たとえば普通の異性愛のなかにショタレイプのような表象が急に紛れ込むことによって、本当の欲望がそっちだったと気付くこともあるんじゃないかと。

千葉　なるほど。とくにペドフィリア的な欲望は、そもそも全人類の心から消えてなくなればいいと思う批判者が多いだろうけど、そういうのは危険な内心の統制であって、柴田さんはあくまでも、さまざまな欲望の自発的生成を擁護するわけか。

二村　マジョリティである異性愛者や、LGBTなどの可視化されつつあるマイノリティだけじゃなく、この世に存在してはならないことにされているマイノリティの欲望も（実際に同性愛もつい最近までそういう扱いを受けていたわけですから）、それが仮に実行に移したら他人に危害を及ぼすような欲望だったとしても、少なくとも空想をする自由はあるべきだという議論ですね。

僕はポルノ業者として、立場的には柴田さんの言っていることは半分わかる。あらゆる欲望は、どんなに不道徳な、非倫理的な、常識人が嫌悪の情を催すような欲望だったとしても、頭のなかで想像する自由と、フィクションとして表現する自由はあると思う。そういうポルノがあることで、実際に人が犯罪に走らなくてすむような抑止の一助になっているかもしれない。レイプのAVが存在するだけで傷つく人も沢山いるだろうけど、それがあることによってレイプをしないで済んでいる人もいるんじゃゃないか、ガス抜きになってるんじゃないかという考えかたはあるにはあります。

ただ、二〇一七年と二〇一八年に、日本「性とこころ」関連問題学会（www.jssm.or.jp）というところに呼ばれて、性暴力の加害者の治療をしている心理療法士や精神科医の皆さんと話をさせてもらったんです。彼らが言うには、痴漢AVを見てオナニーしたおかげで痴漢の実行を我慢できた人の数は計測することができない。しかし痴漢をしてしまった人にカウンセリングすると、痴漢AVを見てしまったことが犯行のトリガーになった人は少なくないということなんです。

柴田　要は飯テロみたいなものですよね。犯罪を犯した人のポピュラーな言い訳でもありますが。

二村　ネット上に旨《うま》そうな料理の写真が上がっているのを見て食欲が刺激されてしまう。痴漢常習者はアルコール依存や盗癖やDVと同じ、依存症です。もちろん罪は罪として償いながら、病気は病気として治療する必要がある。

それを聞いて、だったらレイプや痴漢のAVは数が減ったほうがいい、医療関係者の意見も聞かず我々は安易に作りすぎなんじゃないかと僕も思い始めた。だけど、そういう転向ができるのは僕が小児性愛をふくめた犯罪をモチーフにしたAVを作ることにあんまり興味がなくて、それを飯のたねにしてるわけじゃないからなんだよね。僕自身がレイプAVを作らないと女房子供にご飯を食べさせられない人だったら、あるいはロリ漫画家だったら、もう開き直って俺は死ぬまで世に害悪を流し続けよう、それが救いになっている人もいるんだから、そう宣言できるかもしれない。でも、僕の欲望で作っているAVは女がアグレッシブだったり男が女装して犯されたり、ポリコレ的に正しいとまでは言わないけど、どっちかというと風当たりは強くない。

そうするとね、もう警察のほうでダメなものはダメと言ってくれ、という気持ちもあるんです。出演強要の問題や、撮影での本番セックス是か非かも含めて、これはダメで、あれはOKって基準を明確に決めてくれたら、我々は長い日本のポルノの歴史のなかで、モザイクをかけて性器を隠さねばならないというありえない理不尽さのなかで工夫をして、さまざまな新しいエロ表現を生み出してきた。だから暴力をモチーフにしたAVはフィクションであっても一切禁止とか、そもそも本番セックスも禁止とか言われても、そうなったらそうなったで俺たちはルールの範囲内でメチャクチャエロいものをまた作ってやるさ、なんて高揚した気分にもなる（笑）。まあ、そうなったらそうなったで今度は非合法ポルノ業者がルールを破ったものを作り始めるだけなんですけど。それと、どんなに規制されても日本では「あらゆるポルノ全面禁止」とまではならないだろうと、たかをくくっている部分もあるんだけど。

千葉　二村さんが出そうとしてる変態性は、制限がかけられることによって生じるような倒錯なんですね。現代のより人権尊重的、あるいは多文化主義的な方向性で進んでいる状況が課してくる欲望に対する制限を逆手にとる形で、その制限内でより倒錯的な表現を開拓していこうと。むしろそのほうがやりがいがあるくらいだ、と。

二村　ていうか、レイプAVよりも痴女AVやレズAVのほうが、処女や元芸能人の美少女よりも人妻熟女や女装子《じょそこ》のほうが、よりスケベだろって感じる性癖なもんで結果そうなる。その奥には僕の「セックスの相手から嫌われたくない」という欲望というか強迫観念も隠されていると思いますよ。

千葉　それは時代の要請とマッチしていることになるし、二村さんがいたるところから呼ばれて売れっ子なのは大変よく分かります。

二村　でもその一方で、さっき言ったように僕には、相手がマゾ性を発揮してくれたら調子に乗っていろいろと悪さをして支配したいというサディズムもある。

千葉　ただ、それも病的なほど激しいものではないですよね。その欲望があまりにも激しかったら、当然だけど、ダメなものはダメだと言ってくれ、とはならないんじゃないかと思います。

二村　それはそうですね。

柴田　二村さんの性癖は、やはり運が良いと思いますよ。でも、運悪く、かどうかはわからないけれど、自分の意志では変更不能な、現代社会では許されない、犯罪になるような欲望を持った人間のことを考えると、ゾーニングを徹底して、「ダメ」な表象は一切禁止するという、ゾーニングと規制のハイブリッドが徹底されることはいかがなものかと思う。それは、肉を食べるのが犯罪になる世界があるとして、そこで実際に食べたら犯罪になる肉を食べる欲望を、模造食品を食べることでなんとか誤魔化し我慢している人たちから、模造食品すら奪うようなものです。私は、それは表象だけでなんとか我慢していた人たちを、実践に追いこむことにつながるように思います。

二村　僕もそう思っていたし、一八〇度転向したわけじゃないんだけど、レイプや痴漢の加害者を治療している医療関係の人たちの、犯罪のトリガーになりかねないようなポルノが多すぎるという意見もわかる。

柴田　レイプビデオや痴漢ビデオを見なければ、その病気は治るんですかね。

二村　うーん、僕は治療の現場にいるわけじゃないから、そこまで確実なことはわからない。

千葉　いまの二人の話は、人にはどうしようもない欲望があるという立場をとるか、いやいや、人はどうにかなるものだという立場をとるかという対立になりますね。レイパーに対する治療を言う人は、欲望に対する介入可能性を認めることになる。柴田さんの議論の根本にあるのは、人間の欲望には変えられない部分があるという話ですよね。

柴田　はい。

千葉　そのどちらなのかを考えるのは容易ではない。というか、たぶん、今後どんなに研究しても不可能でしょうね。僕は、控えめな言い方をするならば、非常に変えにくい部分はあるだろうと思います。先天的な部分がまずあると思うし、また、構築主義的に言って、幼少期における主体化の過程で非常に強く固着が生じて、成人後にそこを変えるのがほとんど無理ということもあるでしょう。

「本当の欲望」という語り方は難しいものがあります。ゾーニングすることである種の欲望が完全に不可視化されてしまったら、アクセスのしようがないから、本当の欲望に向き合えないまま、偽の欲望を抱くことになる。たとえば本当はマイノリティなのに、普通のヘテロセクシャルの欲望を抱かされたまま一生を過ごしてしまうようなケースがあったとしたら問題でしょう、というのが柴田さんの意見ですよね。

だけど、人間の欲望はそもそも変化可能だし、他者の介入によって変わることがあってよいという立場もあるわけですよね。

『マッドマックス』とフェミニズム

二村　『マッドマックス　怒りのデス・ロード』はどうでした？

柴田　あの映画を見て、映画を絶賛するフェミニストは自分が肯定できる暴力を求めているんじゃないかと思ったんですよ。イモータン・ジョーが治める男性原理のマッチョ帝国に対して、女性が武器を取って彼らを攻撃して駆逐するというストーリーなわけだから。

マッチョな権力を否定するために、同じように重火器のようなマッチョなものを使う。それは支配者の言語を使いながら生き延びるサバルタン的な話でもあるのだけれども、もっと単純に、男性原理のマッチョ帝国を否定し逃走するのではなく、逃走は途中で諦めて、結局男たちの待つインフラを求めてマッチョ帝国に出戻り革命する話だった。私にはそれは、男権から女権への暴力革命に見えた。それ以上にあの映画が盛り上がりすぎたことに、現在のフェミニズムの状況を象徴するものがあると思いました。

要は、銃で人を殺すにしても、弱い女性に対して銃を向けるのは絶対駄目だけれど、女性を虐げるような悪い男性であれば撃ってもいいし、それは正義だと。そして、その暴力性を正義として定義したい欲望があるんじゃないかと。そこにはまず、驚くべき「正義」の単純化と思考の硬直化があります。「正義」とは、コミュニティにおいて都合良く編集されるものであり、常に複数存在するものです。描かれていなくとも、イモータンのコミュニティにだって「正義」はあるはずなんです。そうした、「正義」に対する批判的視座がまったくない。でも私は、その素朴さの是非に対してよりも、正義じゃない暴力性をなぜ肯定できないのかという疑問を強く抱きました。

二村　正義じゃない暴力を肯定できないのは……、それが正義じゃないからでしょう。

千葉　柴田さんはそう考えるのか。暴力を使ってまでも革命を起こすのはいかがなものかじゃなくて、正義じゃない暴力はどうなるのかと。それは興味深い。

柴田　だって同じ暴力じゃないですか。

二村　たしかに「被害者のための暴力は正義で、権力者の暴力は悪である」とか「正義は正しくて、悪は悪である」って決めつけてる映画かもしれないけど、僕はそうは解釈しなかったな。僕は、あれはフュリオサとイモータン・ジョーの因縁というか、恋の憎しみを描いてるんだって映画評[17]を、女性向けWEBの連載で書いて炎上したんですけど。

柴田　めちゃめちゃ燃えてましたね。

二村　悪の組織の女幹部である（であった）フュリオサは、エロいですよね。日本の特撮のスーパー戦隊シリーズには、かならず悪役のなかに男より強い女性戦闘指揮官がいるじゃないですか。

柴田　でもいま、ポリコレ的になくなっている。

（17）二村ヒトシ『あなたの恋がでてくる映画』スモール出版、二〇一九年に収録。

二村　ええ、ここ最近のスーパー戦隊の悪の女幹部は、グラビア女優が顔出し肌出しで演じる妖艶《ようえん》な美女じゃなくなって、顔まで着ぐるみで声優が声をあててるキャラなんで生々しくないんです。

それはともかく、かつてフュリオサはボスであるイモータン・ジョーにマインド・コントロールされていて、虐待されながら彼の命ずるままに可哀想な人たちをぶち殺していたんじゃないか。僕の目には彼女は、過去に既婚者の尊敬できる上司と不倫をしていた、でもある日突然目が覚めて彼を猛烈に憎み始めた、すごく仕事のできるキャリアウーマンなんだなって見えたんですね。だからこれは、現代の不幸な恋愛関係の一つの典型を描いた映画としても読めるなと。

こっちの女たちは女性性が強そうだから、子供を産ませよう。お前はあんまり女っぽくないけど仕事は男以上にできそうだから、俺の片腕になれ。どっちの女も俺の男性性に庇護《ひご》されて生きていけ、というのがイモータンの敷いた家父長制です。封建時代、あるいは最近でも景気が良かったころはそれで成立していたんだけど、日本でもアメリカでも『マッドマックス』の舞台の未来の世界でも景気が悪くなっちゃって、えらそうな男のわがままが通用しない時代になり、あんなふうに女から反逆されて殺されてしまった。

一部のフェミニストたちに言わせるとフュリオサが隻腕なのは、イモータン・ジョーから一方的に虐待を受けたからであって、彼女はもちろん彼の愛人だったことはないし、セックスしたとしたらもちろんそれは合意ではなくレイプだし、最後に銃を向けるのは愛憎ではなく単純な復讐《ふくしゅう》だということになる。あの二人は男女関係であった、だがフュリオサの恋が冷めて正気に戻った瞬間イモータンへの憎しみに取り憑《つ》かれたのだという僕の二次創作は、許されないわけです。

でも、フュリオサってキャラはエロいじゃないですか。かつて彼女は上司に盲目的な恋をしていたんだと考えたほうがエロい。あと何がエロいって坊主頭なのがエロいし片腕なのがエロい。彼女は機械の腕を装着しているわけで、あの腕は男より強い。イモータンよりもマックスよりも強い。障害であるのと同時に彼女の強みでもある。

千葉　バトラーが言うところのレズビアン・ファルスですよね。[18]

二村　そうです。おちんちんの代わりを付けていて、それは男の生身のおちんちんよりよっぽど強い。マックスより射撃がうまいわけですよ。だから単純に家父長制を悪だと決めつけるのではなくて女の側の心の弱点もちゃんと描いた、いいフェミ映画だなと僕は思うんです。

(18) レズビアン・ファルスについては、サラ・サリー『ジュディス・バトラー』竹村和子他訳、青土社、二〇〇五年、第三章。

さらにいうと、マックスはインポだというのが僕の解釈です。新しいマッドマックスは映画の冒頭からまったく動機を失っている亡霊なんですよ。たまたまフュリオサたちと一緒になって、たまたま助ける結果になってしまっただけで、べつに彼は女たちに同情して正義を守ろうとして戦ったわけでもなければ、メル・ギブソンが演じた先代マッドマックスのように妻子の復讐がしたかったわけでもない。ただボーッとそこにいて、ただ生きている。もう戦う動機はなくなっているのに生命力があるから死んでないだけ。

フュリオサたちは逃げだしたい、イモータンは女たちを再び支配して男のプライドを立て直したいという動機がそれぞれあるけれど、マックスには能動につながる動機がない。ただ過去のトラウマだけがある。ノイローゼっぽいとも言えるし、コミュニケーションできないところが発達障害っぽくもある。すごく現代的なヒーローだと思ったんだよね。一方イモータン・ジョーは古い男です。あいかわらずセックスしたい、もっと強くなりたい、えらくなりたいと思っている。全身がボロボロなのに勃起《ぼっき》にこだわり続けている醜いイモータンに比べて、マックスは若いのにもう欲望を失ってしまった、さわやかなインポ。そんなマックスが行きがかり上、女たちに興味ないのに共闘してしまうというのは、なんて（いい意味で）男らしい話だろうと。そういうつもりでインポという言葉を肯定的に使ったんだけど、それもよくない、ありえないと怒られました。でもそうなると、僕のことを叩いた一部のフェミの人は「マックスは純粋な紳士で、あれは性欲を我慢しているんだ」って認識だったのかな。

柴田　異性愛の欲望を持つフェミニスト女性にとってマックスは、ある種理想の男性でしょう。加えて、インポを問題とする立場、つまり、セックスがしたい立場であれば、理想の男性が、インポと言われるのは我慢ならない。かといって、マックスにイモータン的な下心や、それに付随する女性に対する支配的なふるまいがあるとも見たくない。でも、実際にはマックスのような男なんていなくて、下心がある男のほうが女に優しいということを、そういうフェミニストは見えていないんじゃないですかね。三次元の女に無関心な男性オタクやゲイの、とりたてて女にやさしくしないマイナス方面での男女平等な態度がミソジニーとして批判されるたびにそう思います。マックスに理想のパートナー像を求めながら、同時にそれを恋愛的な関係性であってはならないとする思考の背景には、恋愛というのは男性と女性のリレーションシップであり、下心なく愛の結晶としてセックスがあるというようなピューリタン的な考え方が潜んでいるように思えるから。

傷つきという快楽

二村　下心ある優しい男ってのは、完全に僕のことだって自省しますけどね。まあインポ問題はともかく、かつてフュリオサはイモータン・ジョーに恋していたという解釈が、性虐待からのサバイバーたちを傷つけてしまったことは理解できます。

あの炎上から学んだのは、少なくない女性たちが、どこかしら心に傷を抱えているということです。封建的な男尊女卑の社会では、女性はいいお嫁さんになりなさいと言われ続けていた。そういう社会では男だけが人間であって、女は人間ではなく〝女〟という別種の生き物だというあつかいを受けていた。

いまの世の中では、女は家庭を運営するものだという決まりはもう壊れている。だけど相変わらず親世代はそんなことを言っているし、保守系の人たちもその幻想にしがみつこうとしているし、そもそも女性たち本人がその価値観を内面化しちゃってる部分もある。だから彼女たちは、いったい自分は女なのか人間なのかというところで引き裂かれ続けている。フェミニストたちは女であることを侮辱するなと言い続けてきましたが、彼女たちが抱く被害者感情は故なきものではなく、無視できないと思うんですよ。

柴田　ですが、傷ついているのは女だけでなく全ての人間ですし、被害者感情による攻撃性を社会正義として肯定する女性には、その被害者として傷ついている自分に気持ち良くなっている部分もあります。

二村　そりゃそうですよ。敵を発見してキーッてなる、怒りにとらわれることはオーガズムですから。それは女性だけじゃなく、そういうことやってる男性もいますよね。古い傷の上に新しい傷を刻むような、めちゃめちゃ苦しい、苦しいからこそ麻薬的なオーガズムだと思いますよ。フュリオサの暴力と同じで、被害者による正義の刃《やいば》であれば振るってもいいと保証されたようなもんだから。

柴田　しかし、それが快楽だということを認められないからがんじがらめになっていると思うんです。認めてしまえば、無垢《むく》な被害者だけではいられなくなり、自らの加害者としての側面に向き合わざるをえなくなります。「AV女優」というコスプレによってイキまくることができるという構造と同じです。だから、その被害者性の猛威を振るって享楽していることに気付けば、たぶん自分の欲望に適切な距離を置けるようになるんじゃないでしょうか。被害者としてイキまくることはできなくなるかもしれませんが（笑）。

二村　柴田さんが「ツイッターでぼうぼう燃えているとき、じつは私は享楽しているんです」って言ったら、彼女たちはあなたのことを狂人だって思って、つまり差別して、無視するようになるのかな。

柴田　いや、潰《つぶ》せ、殺せになると思いますよ。そんなサイコパスみたいな人間はこの世に存在してはいけないって。

二村　自分たちが被害者であることの苦しみを、無関係な他人の傷にまで投影させて怒り狂うことで、気づかないうちに苦しみの享楽をしている、怒りの中毒というか依存症みたいになっているんだと気づいてはくれないか。

フュリオサのように「自分が虐待されていたことに気づいて怒る」のは大事だし必要だと思うんですよ。自分を取り戻すために、自分を傷つけていたものに対しては怒るべきです。でも怒りの永久機関みたいになってしまうことは、本人を救わない。

千葉　同じようなことを、千野帽子《ちのぼうし》さんが『人はなぜ物語を求めるのか』で言っていますよね。

二村　あの本、いい本ですよね。

柴田　千葉さんの『勉強の哲学』も、まさにそういう本だと思ったんですよ。自己相対化する本だから。

千葉　そうですね。分断が深まっている状況を緩和するためには、自分の享楽をどう捉え直すかということを考えないといけない。それは、自分で自分を治療するための精神分析的な方法でもあるわけです。

二村　千葉さんと初めて話したときに「哲学者は世の中を良くするために哲学をやっているわけじゃない。それは社会学者の仕事です」っておっしゃってたのが印象に残ってるんだけど、『勉強の哲学』を読ませてもらって、人が自己を新しくしていくための処方箋《しょほうせん》を提示しているなあって思いました。

千葉　いや、多少良くしたいとは思っているんですよ（笑）。だから、僕にとってあの本は、ひとつの社会的介入の実践なんです。

第2章　あらゆる人間は変態である

『ゆらぎ荘の幽奈さん』問題をめぐって

——二〇一七年七月二五日収録

柴田　少年ジャンプに連載されている『ゆらぎ荘の幽奈さん』というマンガが大きな問題になりました。ジャンプのなかでは「ちょっとエッチな恋愛モノ」という枠のマンガです。この作品が、今年の七月三日発売の号で、表紙と巻頭カラーを飾りました。巻頭カラーでは、意図せず主人公の男の子がヒロインの一人であり幽霊である幽奈さんのおっぱいを触ってしまい、びっくりした幽奈さんが超自然的現象を起こしたために、海の水が逆噴射し、登場人物たちの水着が脱げてしまうというシーンが描かれています。いわゆる「ラッキースケベ」ですね。

千葉　巧みだね。男の能動性が絡んでいませんから。お色気のためのエクスキューズをやっていると言えるわけでしょう。

柴田　このシーンに対して、ネットでフェミニストや自称フェミニストたちから怒りの声が上がり(19)、東京新聞で記事になりました(20)。

千葉　まあ、ただのポルノだよね。

柴田　はい。まず、クレームの発端は、裸を描くためだけに裸を描いていることへの問題視でした。あとは、巻頭カラーという場で、裸を描くことはけしからんという批判もありました。批判者達の指摘は大きく分けて二つあり、「少年誌にしては過激すぎる」「子供に悪影響を与える」という保守的あるいは青少年保護視点から問題であるとするものと、「少年誌上でセクハラを娯楽として描くのは問題」「裸同然の少女達が顔を赤らめて恥ずかしがり、戸惑って涙を浮かべる姿は性暴力を連想させる」というセクハラ・性暴力視点から問題とするものでした。起こっているのは男性が能動性を一切発揮しないラッキースケベだけど、読者男性は、それを「自分がやってもよいこと」だと思い、痴漢性を内面化する、こうした漫画表現は少女読者にとっては女性の尊厳を踏みにじる「環境型セクハラ」の一種であるとの意見もありました。

千葉　それを言ったら、ラッキースケベの仕掛けを作っている意味がないですよね。そして、男性のハラスメント的と取れるような妄想をジャッジするといったら、非常に広範な表象が含まれてしまう。

二村　僕は『ゆらぎ荘の幽奈さん』をうわべしか理解できてなくて、なのに擁護したり批判したりするのは申し訳ないんだけど、あらすじをざっと読むに、登場する美少

(19)「過激すぎる？「少年ジャンプ」のお色気表現に賛否「息子には読ませない」「エロは成長に必要」」、ニコニコニュース、二〇一七年七月六日。https://news.nicovideo.jp/watch/nw2863509
(20)「少年誌で少女キャラ裸同然」、『東京新聞』、二〇一七年七月七日。

女キャラたちは主人公の同級生の女子高生一人をのぞくと全員が正体はおばけで、主人公の少年は霊能力者で最初は彼女たちを退治や除霊しようとしたけれど次第に仲良くなっていく。美しい女おばけたちは彼に恋をする（もしくは性的に興味を持つ）けれど彼は硬派男子なので一線は越えない、そんな彼にラッキースケベが次々と起こって彼も照れちゃうって構造でしょ。

言ってみれば主人公は男なのに心優しくて、死霊の少女や女妖怪《ようかい》というマイノリティの存在を理解できて仲よくなれる感性があり、その結果ハーレムが形成されている。モテる童貞が大量のマイノリティ女性に取り憑《つ》かれている状況です。彼は力を持っているけれどそれを善良なマイノリティへの暴力としては行使しない。悪い妖怪（正しくないマイノリティ）が登場すると退治する。なかなか〝正しい〟マンガなんじゃないですか？　それに「マイノリティは、マイノリティだからこそエロティックである」という、言い方を間違えると差別につながりやすいのでリベラル派が口にしにくいテーマも、もしかしたらあるんじゃないのかな。

そもそも水着が脱げちゃう美少女たちは設定上はみんな彼に好意を持ってるんだと思うんだけど、好きな人に（強制ではなく不可抗力で）裸を見られて恥ずかしさから逆上してしまう少女キャラ、それを読んでエロいと思う男性の読者、それはセクハラ的な性暴力なのか、そうじゃないのか。

成人向けポルノを作って売ってる者の立場から言うと、少年ジャンプという全年齢対象の媒体なんだからいまの時代もっとズルくコソコソやるしかなかったんじゃないですかね、お母さんからのクレームがこないように。センスが悪い小中学生がこれを読んで興奮したときに「好きな相手に見られて赤くなる」のと「嫌な相手に見られて泣く」の違いを感じられない大人になってしまう可能性、良識派が言っているのはそういうことでしょう。ところが、じつはクレームつけてる人たちこそが、まさにその区別がつかなくなってる人なんだよね。

ただ個人的な好みで言うと、幽霊や妖怪が、女という「男には理解しづらい存在」のメタファーなのは結構だけど、キャラが類型的なんですよね。美少女とエロいお姉さんはみんな巨乳で、あとはロリ。そうしないと数字が取れないのはよくわかるんですが、そういうところがフェミを怒らせる……。あ、この女の子（神刀朧《しんとうおぼろ》というキャラ）は男装だし強そうだし片目だな。僕は、この人にグッときますね。昭和のマンガの手《て》塚《づか》治虫《おさむ》的で永井《ながい》豪《ごう》的な変態のエロさですよ。作者には申し訳ないけど、ほかの登場人物は多様性がなくて、あまり面白くない。

千葉　優等生的なコメントですねえ（笑）。ただ、こういう何の捻《ひね》りもない、ただただ真ん丸の巨乳の典型性というのも大事だなと僕は思いますよ。『てんで性悪キューピッド』とか思い出しますね。少年誌にはこういうマイルドなポルノがつきものでしょう。

柴田 あとは克《かつ》・亜樹《あき》の描く女の子の裸とか、身体のふくらみや関節が恐ろしく均一なアール（丸み）で描かれていてすごい……。

二村 それは大事ですよ。少年漫画の歴史がそういうものの積み重ねでできてきたことはよくわかるけれども、僕としては、そんなにフェミニストたちが「このエロは暴力だ！」と言って嫌うなら、徹底的にゾーニングしてもらって、こういう〝いかにも〟なものが社会の表面では完全に一般人の目に触れないように隠してもらったほうがいい。それはディストピアであり、多くの人のリビドーはもしかしたら下がるのかもしれないけど、人間のエロさはそんなことでは滅びませんから。

千葉 見ていないところでやるわけですよね。

二村 そう。そっちのほうが結果的に豊かになるんじゃないか、という気持ちがあります。

批判している人たちには「これがゾーニングされてない有名な少年誌に載ってるのがけしからん」て話以外には、理がない。漫画の中身を読まず、この絵に直情的に、生理的に怒る人たちがいた。でも漫画を擁護する人たちはインテリが多いから、複雑な議論を言いだした。それに対してフェミニストの側は「いや、とにかく絵が女子供を傷つけているのだ」と、話が平行線になっているように思うんですが。

柴田 太田啓子さんという弁護士は、ジャンプのラッキースケベ表象を、「セクハラを娯楽として描く」「性暴力を娯楽として楽しむような描き方」であるとし、女性が嫌がっていることに性的な興奮を感じるような感受性を肯定的に描くのは問題であるとしています。(21) そもそも、男性に、突然、女の裸を見るというラッキーな状況を連想させること自体がよくないと。

千葉　そういう偶然性への期待を、そもそも抱かせるべきではないと。

柴田　それが、女性に対する痴漢やセクハラ、セックスの強要みたいな性犯罪につながりうるという見解でしょう。太田啓子さんは「息子には少年ジャンプは読ませない。

(21) 以下、太田啓子氏のツイート。
「女性がいやがっていることに性的な興奮を感じるような感受性を肯定的に描くのは問題。そういう作品をこどもに触れさせないようにするということは、保護者が息子の性欲を管理するとかそういう話ではないのに無理解な意見が果たして散見される」https://twitter.com/katepanda2/status/882596140419383297?ref_src=twcamp%5Ecopy%7Ctwsrc%5Eandroid%7Ctwgr%5Ecopy%7Ctwcon%5E7090%7Ctwterm%5E3
「セクハラを娯楽として描くのは問題。性暴力を娯楽として楽しむような描き方を問題視することは、性表現すべてを問題視することとは全く違う。性表現がダメだなんて思わない。「セックスフォビア」じゃなくて「セクシャルハラスメントフォビア」なわけです。そこが混同されることがよくある」https://twitter.com/katepanda2/status/882608715794333698?ref_src=twcamp%5Ecopy%7Ctwsrc%5Eandroid%7Ctwgr%5Ecopy%7Ctwcon%5E7090%7Ctwterm%5E3
「息子には少年ジャンプは読ませない。息子をもつ保護者の皆さん。少年ジャンプ編集部に抗議をどうかと思うよ」https://twitter.com/katepanda2/status/882244332215951360?ref_src=twcamp%5Ecopy%7Ctwsrc%5Eandroid%7Ctwgr%5Ecopy%7Ctwcon%5E7090%7Ctwterm%5E3

息子をもつ保護者の皆さん。少年ジャンプ編集部に抗議を」とツイッターで呼びかけました。

彼女はセクシャルハラスメント問題などを扱っている弁護士ですが、視点としてはフェミニズムというよりも、お母さん保守に近い。

二村　でも太田さんはリベラルで、自民党寄りではないんだよね？

柴田　「お母さん保守」と言ったのは党派の意味ではなく、思想を問わず、子供を持つことや、子供への配慮という名目によって保守的になっている人という意味です。より明確に言えば、リベラルであると表明していても、発話の内容は保守のようになっている女性への皮肉です。

千葉　自民党的な保守派とは違う、一線を画している人ではあるのかな。

柴田　でも、求めているビジョンは近い。

千葉　なるほど。柴田さんは、一見、開明的なフェミニズムのようだけれども、そこに家族保守性みたいなものが同時にくっついているようなところに敏感ですよね。

柴田　この漫画を擁護している、春名風花《はるなふうか》さん、通称はるかぜちゃんという高校生くらいのタレントがいます。彼女は、このマンガの本編では、礼儀正しい男の子に女の子がみんな惚《ほ》れていることも描かれているし、ラッキースケベは昔からある表現でもあると。だから、男性読者がこのマンガの男性キャラクターに感情移入して見るのであれば、女性に対して正しい行いをするようになるんじゃないかという擁護をしました。[22] この批判のテクスト的身体との距離感のなさも、少々どうかと思いますが、それに対して、過激な自称フェミニストたちは、はるかぜちゃんを「ちんぽよしよし王女様」と罵倒《ばとう》しだしたんです。[23]

（22）以下、春名風花氏のツイート。
「幽奈さんよりも斉照に萌えてしまうぼくにはあまり関心のない話ではあるけど、幽奈さんで良いと思うのは冬空コガラシがラッキースケベにあまり惑わされず、きちんと中身で女の子を好きになりそうなしっかりした男子だなと思うこと」https://twitter.com/harukazechan/status/883131282330337280?ref_src=twcamp%5Ecopy%7Ctwsrc%5Eandroid%7Ctwgr%5Ecopy%7Ctwcon%5E7090%7Ctwterm%5E3
「読者へのサービスカットはめっちゃ多い作品だけど、当の主人公は戸惑いはしても女の子に対してあまりそういうことをメインに求めてないし、言い寄られてもフラフラしないので好感が持てます。あんなにグイグイ来てた緋扇かるらのこともきちんと振ってあげたのがイケメンだったなぁ」https://twitter.com/harukazechan/status/883132668858126337?ref_src=twcamp%5Ecopy%7Ctwsrc%5Eandroid%7Ctwgr%5Ecopy%7Ctwcon%5E7090%7Ctwterm%5E3
「悪影響だという人もいるけれど、コガラシってやつはかっこいいし、モテるのも分かるので、一度読んでみて欲しいなぁ。
　エロと恋愛を勘違いして軽く付き合ってしまいがちな年頃の男子には、彼の女の子への対応は、とても良い教科書になると思います」https://twitter.com/harukazechan/status/883134208981450752?ref_src=twcamp%5Ecopy%7Ctwsrc%5Eandroid%7Ctwgr%5Ecopy%7Ctwcon%5E7090%7Ctwterm%5E3
（23）「はるかぜちゃんに対する中傷を告発する事はジャンプ批判者の攻撃になる?-ジャンプ巻頭問題提起者の新たな問題提起」、togetter、二〇一七年七月一〇日。https://togetter.com/li/1128567
「ちんぽよしよし王女様」、ピクシブ百科事典。https://dic.pixiv.net/a/ちんぽよしよし王女様

はるかぜちゃんを罵倒している人たちは、『ゆらぎ荘の幽奈さん』の表象が子供や女性に悪影響を及ぼすからダメだと言っているのに、未成年の女性であるはるかぜちゃんに対して「ちんぽよしよし王女様」という（笑）。

二村　いい名称だなー。俺、はるかぜちゃんに性的な関心がなかったんだけど、彼女にその二つ名が付いていたら興奮せざるを得ないな（笑）。

千葉　ＡＶ監督に性的興味を惹起《じゃっき》させたというのは問題ですね（笑）。

二村　一部のフェミの人たちのはるかぜちゃんに対する攻撃は成功したと言っていいでしょうね。俺に劣情を催させたのは、はるかぜちゃん自身じゃなくて、批判者たちが創作したイメージだから。暴言を吐く一部のフェミの人たちが、図らずして政治的に正しくないものを生んでしまっている。ここにも「正義を守るためだったら暴力を使ってよいのか」という問題が表れている。

千葉　こういうところにリベラルの恫喝《どうかつ》性がある。

二村　別の例を出したいんだけど、サントリーのＰＲ動画が炎上しましたよね。(24)『ゆらぎ荘の幽奈さん』に比べると、サントリーのほうがはるかにダサいと思います。

千葉　あれは完全に炎上狙いでしょう。

二村　それも、ほんとにバカというか、パロディのつもりなのか何なのか、我々が作ってるＡＶの主観エロ映像を舐《な》めてくれちゃってるというか……。

千葉　あれは、僕もイヤだなと思ぅ。

二村　あと、壇蜜《だんみつ》を使った宮城のPR動画(25)もセンスなかったよねぇ。

千葉　サントリーの件は、きっと内部の会議で「これは炎上商法でいきましょう」と説明していますよ。匿名の電通社員も、「ウェブなら、燃えたほうが話題になるので、炎上スレスレ。または炎上狙いをすることがあります」と語っていますから(26)。

二村　そんなことしてたくさんの人に見られて、いったい何の意味があるんだろうね。

千葉　ああいうのがイヤなのは、自分たちが作っているエロ表象に、作っている本人が欲情していないからです。

二村　まったくです。『ゆらぎ荘の幽奈さん』は、読んでオナニーする人が必ずいる。

(24) 二〇一七年七月、サントリーのビール系飲料「頂（いただき）」のネットPR動画が、エロいと炎上した。出張先の居酒屋で出会った現地在住のほろ酔い美女（という設定のグラビア女優）が、ハメ撮りAVのデート中インタビューを思わせるカメラ目線の主観映像、方言淫語AVを思わせる語彙・口調で語りかけるもの。直接的な性表現はない。「「お酒飲みながらしゃぶるのがうみゃあで」サントリー「コックゥ～ん！」CMに「下品」「下ネタ」と批判相次ぎ公開中止へ」、ねとらぼ、二〇一七年七月七日。http://nlab.itmedia.co.jp/nl/articles/1707/07/news096.html

(25)「壇蜜さん動画性的表現？　宮城県観光PRが波紋」、毎日新聞、二〇一七年七月六日。https://mainichi.jp/articles/20170719/k00/00m/040/035000c

(26)「サントリーのビールCM炎上の舞台裏　電通社員「炎上を狙ぅことがある」」、BuzzFeed News、二〇一七年七月九日。https://www.buzzfeed.com/jp/takumiharimaya/suntory-itadaki

千葉　いるし、作者もエロいと思って描いていますよ、きっと。だから、まだそこに愛があると思う。

二村　ありますね。

千葉　でも、サントリーの動画にはまったく愛がないですよ。

二村　ひねくれた話だけど、僕が「ジャンプでやっちゃいかんだろう」と言うことには一つの戦略があって。僕はツイッターで暴言を吐いてるフェミの人たち、男のスケベさを憎んでいる人たちに対して、柴田さんのように真正面からぶつかる気はあんまりない。ＡＶ監督の肩書を掲げたままで「いやあ、ジャンプはけしからんですよね」と、ニヤニヤしながら彼女たちに近づいていきたい（笑）。

柴田　アハハハ。

二村　すり寄って行って嫌がられたいというマイノリティ的な欲望がある（笑）。

フェミニストを自称する左翼男性や、多くのＬＧＢＴの人が、よくラディカル・フェミニストからキモがられて叩《たた》かれて傷ついてますよね。

柴田　同じ時期に、『Sho-Comi』の付録漫画であった「あまい初体験ＢＯＯＫ」[27]も少し炎上しました。これは直接的な描写はないけれど、少女が、照れながら拒みつつも男を受け入れるところがけしからんと。

千葉　女性に主体性がないという批判？

柴田　はい。女性があいまいな自己決定によって男性の欲望に応《こた》える描写のある作品を読んだ少女が「女はこういうものだ」とテクストにある女性性を内面化してしまい、主体性が育《はぐく》まれないため、男性からの誘いを断れなくなってしまうのではという、女性読者がテクストに過剰な自己同一化をしうることへの懸念でした。ですから、受けの能動性などは全否定されているわけです。

千葉　他方で、女性向けコンテンツでの男性表象の単純化もあるわけですよね。どっちもどっちでしょというところもある。

柴田　女性向けコンテンツでは男性表象の単純化があり、男性向けコンテンツでは女性表象の単純化がある。どっちもどっちですし、そういう単純化や、ラディカル・フェミニズムの用語で言う「性的モノ化」のような側面が、性的ファンタジーには多かれ少なかれあるものだと思うからです。

千葉　そうそう。モノ化、フェティッシュ化は人間の欲望にとって本質的ですからね、精神分析的に言って。でも、おそらく批判者としては、そもそも男向けであれ女向けであれ、テンプレ的なポルノ表象自体を、男女のメディアどちらからも削除せよと言いたいんだろうね。どっちもどっちだからよいということにはならず、いずれにせよ

(27)「あまい初体験BOOK」、『Sho-Comi』第五二巻一七号、小学館、二〇一七年。

ダメだと。

柴田　批判のロジックは「これは正しくないセックスだ、正しくない欲望だ」と言うわけですが、「正しい欲望」、あるいは「正しいセックス」というのを提示するわけではない。まあ、できないというのもありますが。

エロティシズムと偶然性

千葉　ラッキースケベというのは面白い概念で、いきなりハイブラウなことを言えば、エロティシズムと偶然性というテーマに結びつくわけです。ラッキースケベにおいては、性的な状況になだれ込んでいくときの責任帰属を問えない構造になっている。『ゆらぎ荘の幽奈さん』では、水がバシャッとなって、みんな裸になってしまうわけですが、これを見た瞬間に、津波を連想させると思ったんですよ。これは津波から原発事故に至る東日本大震災以後の責任の問題ということではなかろうか、と。

東日本大震災以後に、いわばむき出しにされてしまった我々の実存に対して、いったい誰が責任を取るのか。そこでちゃんと責任を取らせることができる人間はいるのか。それとも、ある種の無責任性も認めてよいのか。そのとき、「責任を取れ」と言う人は、東電が悪いとか、政府が悪いとか、何か責任主体を認めようとするわけです。

柴田　マスコミの被災地表象の仕方が悪いとか。
千葉　うん。だけど、あの出来事は、自然の偶然性でもあるわけだよね。地震の後、長渕剛《ながぶちつよし》が海に向かって「海よ、おまえはなぜ……！」とか吠《ほ》えていて、すげえなと思いました。偶然性に対して責任を問うて吠える男がいた。

海の逆噴射によるラッキースケベの描写から津波というのはあまりに突飛な連想ですが、これに関してもあれに関しても傷ついている人がいるとネットでガンガン言いあって、いかに正しくあるかみたいなことで騒がれる社会になったのは、特に震災以後なので、結びつけて考えることには意味があると思うんですよ。

水がスプラッシュして、みんなが脱げてしまうということは、震災以後の我々が置かれている倫理的状況に対するメタファーなんじゃないかという気すらしてしまう。こういう使い方をされると國分功一郎《こくぶんこういちろう》さんは嫌がるかもしれないけど、まさにこれは國分さんの言う中動態的な問題かもしれません[28]。つまり、責任を取る・取らされるという能動・受動の問題に関わってくるわけです。

セックスの捉《とら》え方も同様に、攻めと受けがいて、どちらが誘ったのか、どちらがそれを承認したのかという責任問題になっていくし、レイプの問題も全部そこにかかっ

(28) 國分功一郎『中動態の世界——意志と責任の考古学』医学書院、二〇一七年。

ているわけじゃないですか。でも、セックスには中動態的なものがある。責任帰属が問えない状態のまま、あるエロティックな状況が起動して、その中で主客がよくわからなくなっていくという場面があるわけです。まさに震災にも、そういうところがあったわけですよ。

だから東電に対して、あの規模の大惨事をちゃんと予測しておけという批判もあるけれど、それでもやはり、あの出来事には、まさに出来事としての偶然性があった。ある出来事が起こってしまったことをどう引き受けるかという問題と、エロティシズムの問題は根深くつながっている。

しかし、そういう偶然性をとにかくナシにして、「我々は、すべて能動と受動にきれいに割り振られた責任の世界の中で、きっちり意思決定をして生きていくのだ」という態度が強まっている。ちょっと大げさかもしれないけど、震災のような理不尽な出来事に巻き込まれるのはもう二度とごめんだという思いが、ポピュラーな性表象においても責任を小うるさく問うような時代意識につながっているんじゃないかと思うんですよ。

柴田　たしかに、漫画を批判した側には性暴力サバイバーの人たちもいて、彼女たちは漫画がフィクションであるとわかっていても、自身の体験を思い出してしまうんです。過剰な自己同一化を起こしてしまう。

千葉　それは震災サバイバーとも言い換えられるのかもしれない。

柴田　はい。そしてそこには天災を人災にスライドしようという欲望がすごく感じられます。

二村　欲望というか、やっぱり心の傷の痛みみたいなものでしょう。自分の傷には誰か原因となる加害者がいた、この件にも悪者がいるはずだ、この件もあの件も人災だって認知すると、自分への加害者の存在を思い出せて、また怒ることができる。

千葉　もちろん、人災である部分もあるけれども、その比重をとにかく大きくしたいわけでしょう。

柴田　できれば等価にしたいのではないかと。

千葉　できれば、ほとんど人災だったことにしたい。偶然性の否認だよね。偶然性というのは、合理性のまったき否定ですから、理性的動物としての人間には耐えられないわけです。だから必死になって、どんな災難にもそれなりの理由があったと思いたい。

二村　なぜ悪い人を「あれが悪だ!」と決められるかというと、それは年配の男性の謝っているようで全然謝っていない顔つきや態度が、(女性だけではなく、リベラル寄りのインテリやまじめな弱者男性も含めた)大衆の心の傷をかきむしるからじゃないですかね。東電の偉い人や、安倍《あべ》政権の人や、最近だとスポーツ界のモラハラのニュースを見るたびに、男性的な暴力に傷つけられてきた心が疼《うず》く。

千葉　そこがまさにジェンダーの問題ですね。「男たち」の責任の問題。

二村　キモい「男の」権力者たちが、父親的な存在の醜さと被《かぶ》るんだろうなあ。フェミニズムの女性たちがみんな男なるものが嫌いかというと、そうでもなくて、彼女たちも『マッドマックス　怒りのデス・ロード』のトム・ハーディのような男であれば好きなんです。だけどイモータン・ジョーのようなキモい男とは同じ空気を吸いたくない、問題が起きたときはそいつらのせいにしたい。

柴田　震災のときのマックスは枝野《えだの》さんですよ。とにかくずっと寝ないで、想定外の事態の連続に文句一つ言わず粛々と対応する。あのときに株を上げたのは枝野さんだけで、東電のおじさんたちは枝野さんとよく対比をされていましたよね。「枝野さんがこんなにがんばっているのに、東電のあのくそオヤジは、ヅラ取れ!」みたいに（笑）。

千葉　あの出来事のジェンダー的意味は案外大きい気がします。「キモい」「悪い」と判断されたおじさんには、ポリコレは適用されにくいようです。

ポルノと原発

二村　ポルノと原発というのは、昔から描かれていたモチーフでもあるんです。それこそ昭和の時代には、原発の前でセックスをするみたいな映画がありました。芸術的で反体制的とされる前衛ポルノ映画ですね。

柴田　権力への闘争としてのポルノですね。

二村　AVの歴史で言うと、『勝手にしやがれ』というタイトルで男優にカメラを渡して、それこそ監督が演出の責任を（と同時に権力も）放棄して、〃男優によるハメ撮り〃という手法を初めて確立させた伊勢鱗太朗《いせりんたろう》というディレクターは、わざわざ地方ロケに行って原発が目の前に見える海岸でレイプものを撮影したりもしていました。原発の殺伐とした風景に男性レイパーの勃起《ぼっき》を重ねて描いたわけです。伊勢監督はアナーキーな表現が好きで、八〇年代から九〇年代にかけては性と暴力と悪ふざけのメタ表現がテーマの一つだった。

千葉　かつては、エロスの爆発が革命に結びつくという、マルクーゼのような発想があったけど、ああいうノリはなくなりましたよね、もう。昔のサブカルですねえみたいな扱いになってしまった。というか、単純に、歴史的知識として知らないのかもしれない。もっとも、原初的なエロスというのは神話的なものであって、実際の権力化された関係の中にエロスはあるのだから、その現実を見ずにエロスの革命のようなものを夢見るなどという話はナイーブ過ぎてお話にならない、といった批判はあったわけです。

でも僕は、幼少期の欲動と結びつくようなエロスの問題を、もう一回考えたいと常々思っているんですよ。中動態的なエロスの在り方というのは、責任的な意識が生じる以前のエロスですね。それを考えたいんです。

僕がハッテン場的とか、乱交的と言うときに考えているのは、そういう「以前的」なものです。だけど、いまや、六〇、七〇年代アバンギャルドが懐メロになってしまっているのと同じように、幼少期のエロスを語ることも懐メロなんでしょう。

権力とエロス

柴田　「権力とエロス」という点でいうと、マルキ・ド・サドですね。「わいせつ」の問題であったポルノを、「公民権」の問題にシフトさせることで支持を得た法律家のキャサリン・マッキノンとともにアメリカで反ポルノ運動を行った中心的なフェミニストであるアンドレア・ドウォーキンは、ポルノグラフィは男にとっては表現の自由、ファンタジーであっても、女にとっては人生であり、現実であると繰り返し主張するフェミニストです。反ポルノの論考を書くために、ドウォーキンは泣きながら、吐きながらサドを読んで傷つき[29]、その傷を女たちで慰め合っているんですよ。

二村　吐くほど嫌なら読まなきゃいいと思うんだけど、彼女たちは「男どもが作り続けてきた暴力的なポルノが、いかにひどいか」を研究し続けなきゃいけないんだろうね。でも、それって「それに吸い寄せられてる」ってことだよね。

じゃあ、たとえば二〇世紀中盤に女性作家によって書かれた『O嬢の物語』は、どう評価されているんですか？　女性カメラマンであるヒロインはMプレイにハマっていき、男たちから肉体を徹底的にモノ化される快楽を味わう。始めたきっかけは現代で言えば「彼氏にハプバーに連れて行かれちゃった」みたいなことなんですが、やがて彼女の肉体はS男界の大物の貴族に譲渡されるまでになる。有名な「梟《ふくろう》の仮面」を被せられ、個を完全に失った性奴隷に堕《お》ちるわけです。そういうマゾヒスティックな女性の幻想を、ラディカル・フェミニストは全部「男に搾取されている」と切って捨てるんでしょうか。

柴田　ドウォーキンは、『O嬢の物語』の「持ち物である証として尻に烙印を押されること」を、ナチスが強制収容所で行ったユダヤ人への拷問に結びつけ、ナチスは生身の体とインクを一つに統合したとし、O嬢の、女の身体に文字が刻まれることこそ、男にとってのテクストが女にとっての身体の問題であり、男のテクスト、ポルノグラフィが、女にとっては現実の拷問となる証拠であるとします。

(29) Andrea Dworkin, *Pornography: Men possessing women*, Putnam, 1981.

そして、ポルノ小説は男の消費者の好みを満足させる目的を持つものなので作者の性別に関する議論は無意味であると言及した上で、作者が女性であること、女の著者名を、男のファンタジーを一層つのらせる仕掛けであるとし、作者ポーリーヌ・レアージュは、女が皆、奴隷の身分で平等となり最下層に位置づけられるべきと唱導するデマゴーグのユートピア主義者であるとします(30)。女性消費者の存在や女性表現者自身の欲望をまるっと無視した上で、ポルノ小説の女性作者をこき下ろす、全ての女を男とポルノの犠牲者と考えるドウォーキンならではの見解ですね(31)。

ちなみに、ドウォーキンのサド批判は、サドの個別の作品に関する言及はほぼなく、書写することとすらほとんど耐えられないとしています。ドウォーキンのサド論「サド候爵」は、サドの伝記とサド候爵の受容・需要について書かれたものです。実際に女を撲ち、強姦《ごうかん》し、子供を虐待した。残虐性をエロティシズムの本質として称揚し、暴力とセックスを同義語とするような作品を書いたサドにとっては人生と作品は一体であり、だからこそ彼は文学者や芸術家、知識人から崇《あが》められている。サドを革命家、英雄、殉教者として賞賛する者は、自らの歪《ゆが》んだ欲望を正当化したいだけであるとしています(32)。

また、日本の「行動する女たちの会」という「私、作る人。僕、食べる人」のCM批判など、広告表象に見られる女性差別批判を中心に活動していたグループには、マッキノン、ドウォーキンと思想的につながりつつ、マッキノンを何度か日本に呼んで、「マッキノン最高」みたいになっている記録があります。(33) マッキノンやドウォーキンの言葉をみんなで共有して、慰め合っているんです。

パット・カリフィアの反・反ポルノ論考(34)によれば、反ポルノ運動は多くのレズビア

(30) ドウォーキンの『O嬢の物語』評に関しては以下を参照した。アンドレア・ドウォーキン『ポルノグラフィ——女を所有する男たち』寺沢みづほ訳、青土社、一九九一年。アンドレア・ドウォーキン『贖い』寺沢みづほ訳、青土社、一九九三年。

(31) また、ドウォーキンはポルノグラフィだけでなく売春にも反対するフェミニストであり、ポルノ女優や売春婦は、家や金や頼れる人がいない、子供時代に性的虐待を受けた女性が従事するものだとする。ポルノの語源がギリシャ語の卑しい最下層の娼婦であることを指摘し、男の制度の中で、女はセックスであり娼婦であるとしている。最終的に、女は男に娼婦として使用され、ポルノグラフィとして所有されるとし、女であることは、ポルノグラフィであることに他ならないと結論付けている。

(32) アンドレア・ドウォーキン『ポルノグラフィ——女を所有する男たち』寺沢みづほ訳、青土社、一九九一年。

(33) 行動する女たちの会会員の笹沼は、「「いけ好かない女」かも、と思っていたけど優しそうできれいな人でうれしい」と述べ、同じく会員の柿木はポルノグラフィを見ることの苦痛を相談し、「ポルノグラフィという邪悪の根源のようなものに触れながら、いやその正体を見たからこそ、犠牲になった女たちを決して忘れないシスターフッドを感じた」とマッキノンを讃えている。笹沼朋子「キャサリン・A・マッキノンを追いかけて」、柿木和代「マッキノンさんに会って感じたこと」、『行動する女たちの会資料集成　編集復刻版』第八巻、六花出版、二〇一六年。

(34) パット・カリフィア「私たちのあいだで、私たちに敵対して」アン・スニトウ、パット・カリフィア『ポルノと検閲』藤井麻利・藤井雅実訳、青弓社、二〇〇二年。

ンにも支持されており、「ポルノとメディアにおける暴力に反対する女性たち（WAVPM）」の反ポルノ会議に行ったら、ピンヒールの広告すらポルノであると言って許さないWAVPMの、「ポルノは家族を破壊し、両性の関係をむしばむ」とし、制度化された宗教と核家族を擁護する異性愛中心主義的な主張に、ダイク（レズビアン）たちが拍手喝采《かっさい》でスタンディングオベーションしていたので唖然《あぜん》とした、というくだりがあります。そうした、理論を超えたエモい繋《つな》がりは、フェミニズムの歴史として重要です。ドウォーキンは自伝もかなりエモいですから[35]。元は熱心なユダヤ教徒かつ、ビートニクに憧《あこが》れるヒッピーのように、奔放かつ過剰な性生活をおくっていたとか、ベトナム戦争反対運動をしており、逮捕された時に警察で性暴力被害にあい、マスコミからセカンドレイプを受けるとか。夫から酷《ひど》いDVを受けて離婚を期にフェミニズムに目覚めたり、移住先に向かう列車で親切だった見知らぬ老婆にほぼ全財産を貸し、当然返ってこなくて売春するはめになっても女性を恨まなかったとか。

二村　サディズムの享楽を発見したマルキ・ド・サドを批判するなら、同時に男性のマゾヒズムを享楽したザッヘル・マゾッホのことも考えてもらいたいんだけど、そっちは加害者じゃないから不問に付すということかな。それとも「男性が女性から虐《いじ》めてもらう」というモチーフでも、やっぱり男の欲望が女を搾取していることになるんだろうか。

一八世紀イギリスで書かれたポルノ『ファニー・ヒル』は、貧困から娼婦《しょうふ》にならざるをえなかった女性が、しかし後悔や自罰はせず、性の快楽を知って貴族の男たちを翻弄《ほんろう》するほど成長し、自力で幸せになる。もしまちがってたら西洋文学史やポルノ史研究のかたに正していただきたいんですが、『ファニー・ヒル』以前のヨーロッパのエロ小説のヒロインは多くが悲劇的な運命で、読者が「かわいそう」と思いながら興奮していたかどうかはわかりませんが、当時は「性的な事件は女を不幸にする」というテーゼがあったんじゃないでしょうか。『ファニー・ヒル』はそこを裏切った。もっとも作者は男性ですし、現代のラディカル・フェミニストには「傷つかない娼婦なんてキャラは男にとって都合のよすぎる存在で、男の幻想にすぎない」と言われてしまうでしょうけど。

ただ僕はラディフェミの人たちに対して「あんたたちの言っていることは全面的にダメだ」と主張して、論争をしたいわけでは全然ないんです。向こうは迷惑だろうけど、僕はＡＶ監督として「人間は多種多様な傷つきかたをしていて、女性にも様々な傷つきかたがあって、傷の癒《いや》しかたも各人各様。だからこそポルノも必要だし、もち

(35) ドウォーキンの自伝に関しては、作者と同じ名前、同じ年齢の女性の体験を「意識の流れ」手法で語る小説であるとする『贖い』と、比較的客観的視点で執筆された『ドウォーキン自伝』(柴田裕之訳、青弓社、二〇〇三年)が詳しい。

ろんフェミニズムも必要だ。あなたたちの傷つきかた、癒しかたも尊重したい」と伝えたいんです。

千葉さんは〝責任の意識が生じる以前の欲望〟を考えたいと言ったけど、いろいろな性に関する問題が起きたときに僕が考えたいのは、感情と子供の頃の心の傷の問題です。あなたたちが正義だと訴えているものは、それはあなたたちの感情であり、心の傷ですよねと。冷笑して相対化したいんじゃないんです。すべてはそれぞれの都合だから相対的にあなたの言っていることは大したことないんだよなんて言いたくない。あなたの言っていることも、あなたにとってはすごく大変なことだし、あなたが怒れば怒るほど、あなたがかつて何かに傷つけられたことも伝わってくる。

千葉　でも、それぞれの感情の問題だから、最終的に、みんなが納得する合意はあり得ないということですよね。

二村　そうですね。そうなりますね。

千葉　そうなると、解決策としては適切なゾーニングが必要だし、ゾーニングを越えて漏れ出てしまったときには、「見なかったことにしてくれ」といったことも必要だということになるんじゃないでしょうか。

二村　露骨な描写が少年ジャンプに載ると、いまのご時世、怒る人がいる。その怒っていることも僕には発情だと思える。柴田さんもそう思っていると思うけど。でも、それを指摘すると、また怒るわけでしょう。
だけど、僕はやはり人の発情が好きなので「あっ、発情している」と思うんですよ。わざわざ差別的なことを言ったり書いたりするネトウヨの連中は、リベラルが怒ってくれたことで発情できる。あの連中は、もはや「日本」に興奮してるんじゃなく、リベラルの怒りに対して興奮してるんだと思う（だからカウンターに必要なのは、カッとなることじゃなくて「差別してると、差別される側だけじゃなく差別してる側も不幸になっていくよ」と理性で根気よく説明していくことだと思う）。僕はAV女優が撮影で発情してくれると嬉《うれ》しいし、僕が喜んでいることでAV女優も喜ぶ。でもポルノに怒っている人たちは、僕が「あっ、発情してますね」と言うと嫌がるよね。そうすると、また距離が開いていってしまう。
柴田　それは怒られますよ。「怒っている君はすごくエロい、そのエロさをもっと見せて」みたいな話ですから。
二村　最悪だね（笑）。
千葉　性的モードに入っていると相手を見なすことになりますからね、それは当然怒りますよね。怒っている人は、そもそも、自分のことを性的存在として見るなと言っているわけです。だから、性的存在として見るなという政治行動それ自体が、あなたが性的存在であることを示していますというのは、最悪のいじりでしょう。

でも僕は、二村さんがおっしゃることは重要な指摘だと思います。精神分析的には、我々は欲望の次元から逃れられない。欲望はすべての思考を動かしているから、自分が欲望的じゃなくありたいと言ったところで、そのこと自体が欲望的に駆動されていることは否認しようがないわけですよ。そこをどう飲み込むかという問題だと思います。

「愛のあるセックスがエロい」と言い続けたい

柴田　身体性とルッキズムも関わってきますよね。

千葉　たとえばどういうことですか？

柴田　「ミスコン」批判などのアンチ・ルッキズムは、第二波フェミニズムにおいて出てきた概念ですが、それは、男女の性が権力的に非対称ななか、支配集団側に属する男性が、被支配集団に属する女性たちに対して、さらに容姿による序列をつけるという二重の支配であるという考えでした。しかし、ポストフェミニズム以降では、男女の非対称性は人種や文化、多様なセクシュアリティなどによって、単純な「支配／被支配」の関係とはいえなくなりました。近年のルッキズムの否定というのは、「被支配集団の更なる序列化」という理念よりも、ポリコレ的な配慮として提唱されることが多いと思いますが、それは同時に、自分の身体を引き受けることの放棄でもあると思うんですよ。

千葉　広い意味で「私に魅力を感じるな」という感じにすら聞こえてくるよね。それは、全員が平等で透明な人権主体として存在しているという近代的な公共性のレイヤーに、魅力だとかよくわからない濁ったものを持ち込むなということなのかな。

二村　でも、そういう人たちのなかには、怒っている自分を悲しんでいる人もいるんだよね。そういう人は「私はセックスにまつわる暴力が嫌いなのであって、相互に尊重のあるセックスは好きだ」という。むしろ「セックスでしか自分たちは癒されない」と感じているのかもしれない。

だから僕は、わかり合えるセックスの可能性を訴え続けようと思うんだよね。暴力とセックスは切り離せないと僕も思うけど、それを理解したうえで、自分が気に入った相手と暴力性も非暴力性も含めて楽しみあう共犯関係がエロいと思っているから。

千葉　まあ、僕もそうですよ。ただ、どちらかというと、共犯関係のほうに軸足を置き過ぎると、わかり合いという合理性に引きずられて、合理的な主体が互いに認め合う契約関係のようなセックス像に近づいてしまう。僕はそういう人たちに対して一線を画したいから、自分の意のままにならないような部分がセックスにはあって、それは、ある種の非人間化だというところに軸足を置いています。でも僕だって、無理やりやられたりしたらイヤなわけで、そこには当然共犯関係が成立しないとダメですよ。SMというのは、プレイじゃなくなったらSMじゃないですよね。

だけど、どちらかといえば軸足を、わかり合いじゃなくて、一方通行性みたいなほうにやや寄せるというのが僕の捉え方なんですよ。

二村　そのほうが千葉さんにとってエロいからですよね？　僕は本業がポルノ業者で、副業で恋愛についての啓発本を書いている自分の立場をふまえたいんですよ。本音では、やや暴力的なことを好んでくれる女性が好きであるにもかかわらず。

この鼎談《ていだん》をしていて、僕はこれからもなるべく綺麗事《きれいごと》を言い続けようと、より一層思った（笑）。お二人が逆を言ってくれているからというのもあるけど、俺はポルノ業者として、ポルノを商売にしながら「愛のあるセックスがエロい」ということを言い続けようと。やっぱりセックスによる相互理解の可能性を信じたい。なぜなら、それを信じているほうが女性にモテるから、つまり、そのほうが僕にとってエロいからです。

欲望は男女二元論で語れない

柴田　私の立場は、震災のエロさをもっとちゃんと考えようと。

二村　うわー、この人、また大変なことを言いだした（笑）。

柴田　震災のエロさというのは、偶然性と暴力性、非対称的で「わかりあうこと」など到底できない圧倒的なものの快感と不快感で、それは男女二元に分けられるものじゃないと思うんですよ。

千葉　ジェンダー以前の興奮性ですね。

二村　先ほど言った、原発をバックにセックスするアダルトビデオや芸術的で政治的な映画では、完全にそれは発情のメタファーだった。女性の中にも原発的なエネルギー、あるいは震災的なカタストロフの衝動があるという話？

柴田　性別問わず誰にでもあると思いますよ。知るかバカうどんという女性エロ漫画家は典型的で、女子高生や幼女が凌辱《りょうじょく》されるものを中心に描いていますが、女性ファンが多い。ファンの女性たちは、インタビューで、知るかバカうどんの漫画は、犯される女の子たちがすごくイヤなヤツで、しかも、最後まで抵抗して受け入れないところがいいと言っています。

でも、それだけではないような気がします。マンガでは、キモい男が女の子を凌辱するわけですが、そのキモい男に感情移入している部分もあるんじゃないでしょうか。気持ち悪いけど力を持った存在になって、かわいらしいけれど憎たらしい女を粉々にしてしまう。あるいは、知的障害者に真面目な少女が犯されるという構図のような、非対称で圧倒的な暴力性にカタルシスを感じている。非対称で圧倒的な暴力性に気持ち良さを求める点では、主人公の少女が過剰に性暴力を受ける一時期のケータイ小説にも同じ構造があると思っています。欲望が男女二元論で語れないのは、そういう破壊衝動はすべての人間が持っているからじゃないかと。

二村　持っているでしょう。それはもう一九世紀に発見されているわけだし。

柴田　だけど、フェミニズムはその発見された暴力を、正義の暴力として享楽しながら、その享楽に気づいていない。知るかバカうどんもネットフェミニストたちにすごく叩かれていたことがあって、アカウントを凍結されたこともあります。女が女をいじめるような漫画を描くのはけしからんという一つの単純だけど根深いフェミニズム的な観点があって、それは逆に、女性の欲望を矮小化《わいしょうか》してしまうと思うんですね。

千葉　根本的な、責任を問えない破壊衝動みたいなものを制圧して、その上に文化の秩序をつくることこそが人間的なのだ、というのが近代主義なわけです。ところが、柴田さんの不満は、その制圧ぶり自体が、まさしく自然に対するレイプ的構造になっているということにあって、そこで成立している「透明」と見なされるような政治空間は、実はそういう破壊衝動を根本のレベルで共有しているという批判をしているわけだよね。そういうことを言うと、またすぐに、脱構築というのはそういうことを言うからダメなのだ、みたいな批判が出てきて、何でも境界線を揺さぶるのはよくないと言われる。人間が追求すべき正しい方向性と、人間が退けるべきまずいことは一線を切り分けるべきであって、そのあいだの境界が揺らぐなどということは、言おうと思えば言えるが、しかし、そこで一線を引かなければ人間社会は秩序が成り立たないでしょう、というのが、近代的批判になるでしょうね。

二村　そこに揺るぎない境界線を引くことが、本当に人類の幸せにつながるんですか？

千葉　素朴な近代主義者はそう思っていると思いますよ。自然を支配するべきだと思っているんですよ。

プライバシーをどう考えるか

二村　破壊衝動の欲動があるからこそ、メチャメチャにならないように注意しながら密《ひそ》かに倒錯することが必要です。たとえば欲求不満を解消しないと結婚生活を維持できないからこっそり不倫する人妻のように、境界線を越えて、またしれっと戻ってくる。夫を傷つけないよう注意を払い、ていねいに不倫する。そんな嗜《たしな》みが人間を幸せにすると僕は思っているんだけど、そういうふうに揺らぐことすら許されないわけですよね。あらゆる不倫を憎む人がよくいるけれど、彼ら彼女らのなかには子供のころ両親どちらかの不倫に傷つけられた経験をしている人がいる。でも子供に傷を負わせる不倫をする親って、不倫する目的が平和的な欲求不満解消じゃなくて、配偶者を攻撃するため（自分の傷つきを表明するため）に無意識に、わざと問題化するように不倫していたんですよ。

千葉　クィア・セオリーだと、自分は実際にどういう欲望を持っているのかよくわからないという、主体性の揺らぎを基本的に肯定する路線だったわけじゃないですか。それは根本的な境界線の揺らぎですよね。そうすると、境界線の揺らぎということを考えるのなら、政治的な「友と敵」のような構図も、そう簡単に確定できるわけがないんですよ。だから、もしもデリダ的な立場を一貫させるのなら、アイデンティティの揺らぎも認める、「友と敵」の揺らぎも認める、ということになってしかるべきだと思うけれども。でもたぶん、こういうことを言うと、境界線の揺らぎという論法を拡張しすぎていて、実際の政治的効力を失うことになってしまうから、正しい境界線の揺らぎと、間違った境界線の揺らぎがあるという区別をすることになりますね。僕は、それはおかしいと思っています。デリダの発想でいくというのが僕の基本的な立場だから、もしアイデンティティの揺らぎを認めるのなら、友と敵の揺らぎも認めるしかないだろうと。

二村　なぜ、境界線を引いて敵と味方をはっきりと分けたいんだろう。

千葉　それは、柴田さん的に言えば、気持ちいいからでしょう。

柴田　はい。「敵」の存在は、コミュニティの結束を高めますからね。そこには共感の快楽があります。たとえばマッキノンは、すべての私的領域を排除せよというようなことを言っています。私的領域というのは、ハラスメントが隠れてしまうし、DVであったり、セックスにおける暴力性がプライバシーによって保護されてしまう。セクシュアリティは私的領域で起こり、それがいかに不平等であっても介入することが想定されていないため、平等はセクシュアリティに適用されないから、すべてのプライバシーを公共に開かなければならないと。

千葉　その話も今日はしたいと思ってました。プライバシーをどう考えるかというのは大きな問題で、最近は「プライバシーって怪しいんじゃない？」という、疑念が出てきている。つまり、プライバシーを持つことはポリティカリー・インコレクトであるという感じになってきているわけですよ。

これは精神分析的な見方から言うと、無意識の消滅という問題と関係していて、メタファーの消滅とも言い換えられるテーマなんです。隠れたところを持っているのが近代人というものです。近代人は心に闇を抱えていた。だから、明示的にエロいことは言っていないけれど、実はエロいものを指しているというメタファー的置き換えができる。これは、見えない領域があるから成立するわけですよ。そういう隠された領域は、破壊衝動なんかも渦巻いていておぞましいからすべてなくし、あらゆる空間を契約的に、明示的に、明文化できるような領域にしていけということになったら、少なくともフロイトが認めていたような意味での欲望は蒸発しますね。なんとなく薄暗いところがあるようなエロティシズム、バタイユだの澁澤《しぶさわ》龍彦《たつひこ》だの、ああいうものはすべて過去の懐メロになっていくことになる。

二村　なりますね。すべての不倫が議論の余地なく否定されるし、アダルトビデオ業界で起きていることもまさにそれです。アダルトビデオが嫌いな人たちが、AV女優は被害者だと説き始めた。そういうなかで、法律的に整備しましょうと言って、どんどんエロくなくなっているんですよ。最初にちゃんと契約書を結んで健全なAVを作ろうということになっている。僕も、もちろんポルノは被害者が生まれないような作られかたにして行かねばならないと思うし、そう主張します。でもAVを批判する人たちは、リベラルな見地から「あらゆる女性は被害者で、エロ業界の女性には名誉男性と騙《だま》されている女性しかいない。被害者がいないポルノなんて存在しない。そんなものを作ることは不可能」と言いたいんじゃないか。

　ところが前回も言ったけれど、恋人からは得られないオーガズムを求めてAV女優になる女性がいる。カメラの前でプレイとして虐待されてギャラを貰《もら》えば、虐待されることの理由がつくから。そうすることによって、普通に生きていたら癒されない傷が癒されるということが実はある。つまり女性にも、ある部分で傷つくことを求めている人がいる。ポルノを批判する女性はそれを認めたくないんじゃないかな。それを認めてしまったら境界線が崩壊してしまうから。

千葉　デリケートな問題ですけど、傷つくことを求めるのはなぜかというと、傷ができれば無意識ができるからですよ。つまり、無意識をつくりたいという欲望で、AVの現場にやって来るんじゃないですか。だけど時代の雰囲気として、無意識を捨て去りたいという方向に向かっているから、無意識をつくるという欲望など認めるものかという、すごくねじれた問題になっている気がします。なお、この無意識の消滅という話は、ラカン派の立木《ついき》康介《こうすけ》さんが『露出せよ、と現代文明は言う』で示唆していることです。

二村　最初に契約書を結んでしまったら、傷によって無意識が生じることがなくなっていくんだよね。それと、「もう十分に自分の無意識を豊かにする傷をつけた、気が済んだからスパンとAVを引退します」って言いたくても、いまはインターネットによって実写ポルノに出演した人には永久にスティグマが残ってしまう。それもまた話をややこしくしている。

千葉　ネットのアーカイブ性のために、傷とその忘却というサイクルがなくなってしまったという問題は大きいですね。昔は、いつかは水に流されるということがあった。

柴田　二〇一三年ぐらいから、ヨーロッパでは「忘れられる権利」ということが言われていますよね。

二村　僕らもその言葉は重要視しています。

柴田　でも、忘れられる権利というのは、自分がすべての他者に強制する権利で、それを権利と言えるのか。そもそも、そういうことが可能なのか。アメリカの見解だと、それは不可能であり、忘れられる権利よりも表現の自由のほうが上だということですが、ヨーロッパを中心に忘れられる権利を擁護する論陣は強まっています。

千葉　國分さん的に言えば、忘れられるというのは中動態的なことだけど、それを能動と受動で処理しようとしても、できないという話ですよ。つまり、ネット上にすべての痕跡《こんせき》が残るようになってしまったから、自然な流れとして忘れられるということが、そもそも原理的に不可能になってしまった。

二村　もともと人間の心は、関心のないことは忘れるけれど、気が済んでいないことは忘れないよね。

千葉　もう一つ言うと、我々の中から無意識がなくなったのと同時に、無意識が外部化したということがある。それがネットです。ネットというのは我々の共同の無意識です。これは松本卓也《まつもとたくや》さんが言っていましたが、昔だったら、自分の心の闇に隠し持っていたようなドロドロした思いも、2ちゃんねるなんかに書き込むようになった。

2ちゃんねるは一部の人が読むものだったけれども、それがいたるところに転載され、ダダ漏れになっていくようになりましたよね。無意識に書き込むようなことを外に書き込むようになってしまったことも、おそらく無意識の蒸発を後押ししていますよ。

そういう意味で言うと、もう我々は個人として傷を引き受けることができなくて、何かたまたま衝撃的な出来事が起こると、その傷がすぐに外在化されてしまう。そうすると、ある人に起こった傷が外にあって、しかも外というのは共同無意識だから、ほかの人がそれでまた傷を受けてしまうという構造になるんですよ。たぶん、AVを批判する人は、そのことを嫌がっている。変な言い方ですが、「あなたの無意識を私の無意識にしないで」というのが、「見たくない」という欲望の一つの意味だと思う。

二村　ポルノを見た子供が傷つくというのは無意識の後付けで、怒りの根本にあるのは、大人が傷つくことです。そのことに対して僕は、綺麗事のようだけど多少なりともコミットしたいと思うんです。ただ「あなたたちは政治的に怒っているんじゃなくて、本当は傷ついているんですよね」と言いたいけれども、それを言うとまた怒られるでしょう。

千葉　でも、これぐらい議論に厚みが出た状態で言えば、理解もされやすいんじゃないかと思いますね。

柴田　共同の外部化された無意識を、私固有のものとしてしまうのって、過剰な関係妄想だと思うし、千葉さんの言葉で言えば「接続過剰」になりませんか？　二村さんはコミットしたいと仰《おっしゃ》いますが、私は、過剰な関係妄想に対しては、図々《ずうずう》しいと一《いっ》蹴《しゅう》することも必要だと思う。

料理漫画のオーガズム

二村　時代によるエロ表象の変化についてもう少し話したいんだけど、グルメ漫画におけるオーガズム表現というものがありますよね。そもそも少年漫画で最初に料理を扱った『包丁人味平』は全然エロさを狙わなかったわけです。強敵との調理対決で、主人公は焦って汗をかいて、その汗が鍋《なべ》に入って塩味がちょうどよくなって主人公が勝つとか（笑）。もうほんと、美味《おい》しい／美味しくないとは関係ないのが、日本初のグルメ漫画なんです。

柴田　エモいだけみたいな？

二村　エモいっていうか、泥臭い。調理や外食ビジネスでも男の子のバトルはできるんだということを最初にやった漫画だった。カレー篇《へん》なんて、敵の店は麻薬効果のあるスパイスで作ったカレーで大繁盛するんだけど、インド帰りの敵のシェフはそれで自滅するんだよ。自分のカレーを味見しすぎて発狂して（笑）。

千葉　ハハハハハ（笑）。

二村　しばらくして『美味しんぼ』という人情と蘊蓄《うんちく》のド左翼マンガが出てきた。調理技術の本質は真心であるとか、味覚の記憶はライフヒストリーに結びついてるとか、家族愛とか「化学調味料がよくない」とか「ヱビスビールはいいけど、スーパードライは人工的な味だからよくない」とかね。作者の雁屋哲《かりやてつ》は東大出て電通に入って辞めて漫画原作者になった人で、もともと男の子同士の暴力バトル漫画で稼いだお金で美味しいものを食べまくって、それをネタにして書いたら、またそれを超える大ヒットをしてしまった。『美味しんぼ』の影響で普通のサラリーマンがA級グルメについて知り、B級グルメについてあれこれ言うようになった。それがいまの、なんでもかんでもコメントする食べログ文化につながっているわけです。『美味しんぼ』は、まさに原発にやられてしまって連載が変な形で中断したままだけれど、描かれる料理が（というより蘊蓄の饒舌《じょうぜつ》さが）たしかに官能的だったし、初期から中期にかけては漫画としてとても面白かった。

　他方で『美味しんぼ』とは全然違う文脈で『ミスター味っ子』が出てきた。あれはオーガズムを食べているんですね。子供の読者に伝わるように、目ん玉が飛び出たりする表現だけど。

千葉　『ミスター味っ子』は衝撃でしたね、好きな作品でした。

二村　そのあとになると、いまや少年誌でも青年誌でも、グルメ漫画はエロ漫画出身の人が描くことになっている。
柴田　汁表現が同じなんですよ。『花のズボラ飯』とか。
二村　『花のズボラ飯』の原作は『孤独のグルメ』の人ですが、作画はロリコン漫画の巨匠です。ズボラなOLが、自分でてきとうに作った独り飯を食べてホッコリする漫画だけど、ホッコリの仕方がオーガズムなんだよね。ロリ漫画のオナニーの、かわいらしいオーガズム。
　一方、少年ジャンプには『食戟のソーマ』という、主人公の少年が作った美味しいものを食べると美少女が絶頂するという作品があります（笑）。それを描いているのも、ペンネームを変えたエロ漫画の巨匠だと言われてるんだよね。少年ジャンプは意図的にエロ表現が達者な作家に、グルメ漫画のオーガズムを描かせている。男の子たちはあれでオナニーしてますよ。
柴田　料理漫画は二次創作が多いんですよ。本編で本当のセックスを描いてしまうとイメージが固定されてしまうから、ふつうのエッチな漫画は二次創作があまりないけれど、料理漫画の二次創作エロはたくさんあります。
二村　バトルファンタジー料理人漫画の『トリコ』とかもBLがすごいんでしょ？
柴田　何だかわからないけど、オーガズムだけ得るキャラクターがいると、その何だかわからなさが自分の中の無意識と接続されて、とめどなくいろいろな欲望が出てくるんじゃないですかね。

千葉　それはメタフォリカルなエロ表現ですよね。メタファーはまだ息絶えていない。

人体改造のエロさ

柴田　少年漫画で、主人公が拉致《らち》監禁されて暴行されるような作品にも、かなり女性たちが興奮してきましたよね。たとえば手塚治虫です。

二村　美少年拉致監禁は、少年漫画の王道ですよ。

柴田　監禁して尋問・拷問するというのは、まさしくSMのエロティシズムですよね。それがいまだと、「縄で縛るからよくない」になってしまう。

二村　人体改造もエロいよね。僕ぐらいの初老のオタクは子供のころ、最初の『仮面ライダー』でショッカーにはりつけにされて「おまえを悪の改造人間にしちゃうぞ」って言われて逃げようとして悶《もだ》えるシーンにエロさを感じていた。頭に焼き付けられるわけですよ、改造されてしまうって……。

千葉　イキっぱなしになるということですからね。改造人間って、イキっぱなし状態でしょう。いわば「純粋快感体」になるんですよ。それはゲイの受けの欲望と通じているところがあって、ゲイのいろいろなユニフォームコスプレとか、全身タイツフェチとかああいうのも、純粋快感体に変身するということですよ。

僕自身は、仮面ライダーなんてエロすぎて、ちょっと正視できない。小さい頃からそうでしたね。男の子はああいうのを平気で絵に描いて、カッコいいと言っていますけど、僕は何か耐えられない感じがあった。それは、はっきりそう意識していたわけじゃないけれど、エロすぎて見ていられないということだったと思うんです。宇野常《うのつね》寛《ひろ》さんとか國分さんとか、よく仮面ライダーを普通にヒーローとして語れるなあと思います。

二村　怪獣ごっこは？

千葉　それもエロすぎてしなかったのかもしれません。とにかく僕はそういう男の子的なものが全般的に嫌いだったんですよ。小学校低学年ぐらいの男子は、自由帳に筋肉ムキムキのヒーローを描いたりするんですよねえ、ああいうことよくやるなあと……。

柴田　『キン肉マン』とかね。

千葉　『キン肉マン』もダメだった。あとは、『ドラゴンボール』も。あれを平気で描いている人は、みんなノンケの男の子なんですよね。ノンケの男の子はあれが平気なんですよ。そこに唖然とする。恥ずかしくて見ていられないんですよ。

二村　へたにそれを男の子のものとして消費すると、性的に興奮しちゃう自分が怖かったということですか。

千葉　そういう部分があったのかもしれない、ということです。事後的に言って。僕がスポーツが嫌いだったのも、スポーツをすると性的に興奮しちゃうからだと思うんですよ。そんなことを思っていたら真面目にスポーツできないですよね（笑）。

二村　思ってはいないんだけど、心の底ではスポーツで激しく発情していますよ、普通の男性は。

千葉　そうそう。そこが、同性への興奮を抑圧している男性異性愛者の、男性性に対する不思議な距離の取り方だなと、いつも感心しているんですよ。

ハラスメントをどう考えるか

二村　まなざしの話をしたいんだけど、街中でジロジロ見るみたいな明らかにアウトな奴じゃなくて、綺麗なエロい女の人をチラッと見るのも、このままいくとモラル的にNGになってしまうのかな？　俺なんかは、見られたことに気がつかれなきゃいいじゃないかと思うけど、そう思ってもいけないのか。こちらにまなざしたい欲望が生じた時点で罪悪感を持つべきなの？

柴田　たぶんハラスメントになっていくと思います。このあいだ、痴漢を疑われた男性で、上野《うえの》で転落死をした人は、べつに胸や尻《しり》を触ったわけじゃなくて、もたれかかって手と手が触れただけで、もう痴漢にされてしまったようですから(36)。

千葉　そうねえ。リベラル的な立場からは、あまり痴漢冤罪《えんざい》話をすると、ハラスメントを拡大解釈して過剰な不安を煽《あお》るな、と批判されるでしょう。良識ある人であれば、何をしたら本当にアウトかはわかることだと。明確なハラスメントの事例は確かにある。お尻を触ったりするおっさんもいる。そういう明らかなハラスメントがあるから批判しているのだというわけです。ちょっとした所作がハラスメントだとされるかもしれないぞ、といった煽りは、「本当のハラスメント」の問題をぼかすことになる。やはり拡大解釈の問題はリベラル的な批判にモヤモヤするものがある。やはり拡大解釈の問題はリアルにあると思うんですよ。

　ここは自分の中でも立場が分裂するところです。確かに、明らかなハラスメントと、そうではない可能性というか、被害妄想的な部分という区別はあると思う。でも同時に、未来の問題として、あるいは、無意識の行方の問題として、拡大解釈への警戒もやはり同時に言う必要があると思います。

二村　それにつけくわえて言うと、まなざす側の意識がどのぐらい溢《あふ》れ出ると相手を傷つけるのかという問題があります。たとえば、僕はオッパイが大きい女性にはあまり興味がなくて、背の高い女性が大好きです。だから背の高い女性がそのへんを歩いているだけで、つい目で追っちゃうんですよ。それって許されるの？

千葉　いま言った程度ならば、本当のハラスメントと、そうじゃないふるまいを分けるリベラルな人は許すんじゃないですか。「それぐらいは常識でしょう」と、たぶん言うと思います。問題はそういう常識への依拠なんですけどね。ともかく、性的なまなざしを問題にする人は、我々のまなざしが常に権力的な構造によって条件づけられていることを意識しろと言っているわけです。

二村　それなら、よくわかる。

千葉　ただ、かつてならそういうのはインテリの言説だったわけですよ。ところが、インターネットであらゆる文化理論がポピュラライズされて、フェミニスト的な立場やカルスタ的な立場が世の中の人の目につくようになってしまった。そこで、ものすごく下品に、ネットジャーゴンとして「まなざし村」と名指されるようになったわけです。九〇年代なら、大学などで最先端の理論として教えられていたことが、いまや「まなざし村」と言って揶揄《やゆ》されるような状況になってしまっていることに、僕みた

(36)「JR上野駅「痴漢転落死」は超一流ホテルの支配人だった　遺族と同僚が語る「無念」」、現代ビジネス、二〇一七年六月一二日。https://gendai.ismedia.jp/articles/-/51959

いなアカデミアの人間としては、「あーあ、こういう状況なんだな」と思うわけです。

二村 人間のまなざしは権力的であり暴力的であることを意識しようというのは、簡単に言うと「自分のやっていることは悪いことかもしれない、人を傷つけているかもしれない。その可能性については認識しておこう」ということですよね。

千葉 そう。だから文化論的には、そこから「まなざしを禁じろ」とまでは言ってないんです。

柴田 「まなざし村」のようなポピュラライズされたカルスタ・フェミニズム的な言説は、元来の文化理論を劣化させているだけでなく、ある表象を取り下げさせるための「正義の懲罰」的なものとして運用されていますからね。そこには大きな変質があります。

あらゆる人間は変態である

二村 人間は自分のまなざしに自覚的であるべきだし、我々ポルノ業者は越えてしまったらシャレにならないギリギリの線を越えないよう考えて、不道徳なポルノを作っているつもりなんだけどね。自分たちが悪であるかもしれないことを知りながら。だけど、前回も話したように、僕はあらゆる人間は変態だと思っています。変態じゃない性というのは子供を産むための性だけであって、避妊も変態だし、愛し愛されるため、結婚のためにセックスを人質にとるのも変態だし。

千葉　妊娠も変態なんじゃないですか。

柴田　そう思う。妊活のセックスって変態ですよ。女性の膣《ちつ》にグリーンゼリーを注入すると男の子、ピンクゼリーを注入すると女の子が生まれるという産み分けとか。ゼリーを注入して五分待ってからにするとか。

千葉　何でできているの、それは？

柴田　膣内をアルカリ性に傾けたり、酸性に傾けたりということのようです。

千葉　なるほど、pHの問題ですか。

二村　昭和の作家のエッセイで「男の子が欲しけりゃ、女房のアソコに梅干しを入れてアルカリ性にしておけ」ってのを読んだなあ。いま言ったらギャグだとは受けとられずに、ポリコレ的にアウトでしょうね。

柴田　へえー。女の子を産み分けるときは、浅いところに入れて、即射精しろというのもありますね。しかも、ゼリーが漏れないように、腰を浮かせながら（笑）。

二村　そう、女性が楽しんでないセックスで妊娠すると、女の子が産まれやすいって俗説もある。なぜなら興奮した膣内で分泌される液がアルカリ性だから。そういうこと考えつくの、ほんとド変態だよね。

柴田　ド変態だけど、「妊活　AV」でググったら、妊活のAVではまだそういうことをやっていなかったんですよ。「妊活」というネタを、全然使いきれていなかった。

二村　ノンケの男は単純に、擬似精子を使った中出しAVで女優がカメラ目線で「赤ちゃんできちゃう〜」とか「孕《はら》ませて〜」とか言ってくれるのを聞いて喜んでいるレベルです。

柴田　妊活をリアルにやっている人たちは、ブログや掲示板で報告し合って、全然エロいことだと思っていなくて。でもそのエロさたるや、すごいんですよ。ほのぼのとした掲示板で、「私はがんばってやったのに、産み分けできなくて残念でしたが、また挑戦します。皆さん、お勧めのやり方をもっともっと共有しましょう」とか。

二村　そのことを「これはド変態だ、エロい」と思っているのは、いまのところ柴田さんだけじゃないかという気もして、さすがだと思いますよ。

柴田　だって、妊活本に描かれたかわいらしい兎のキャラクターが交尾をするイラストに、「下ネタだからよくないと思います」と怒りながら、同時に、多くの人がエロいと思っていることを、完全にエロくないと思っているんですよ。まあ、女性用のバイブレーターができた歴史もそれですが。最初は治療だったわけですから。

二村　精神の健康のための医療用具だったんだよね。クリトリスに強制的オーガズムを与えることで、ヒステリーが治ると。それにしても、言われてみたらたしかに、見かたを変えれば妊活や産み分けはアブノーマル行為ですね。真剣に取り組んでおられるご夫婦には申し訳ないけど。さらに見かたを変えればアブノーマル行為だからこそ、必死になってやらずに楽しんでプレイすることも可能なんじゃないか。

柴田　ほとんどストリップの「花電車」と同じじゃないですか。女性器の物体としての機能を優先し、膣から液体がこぼれないように……。

二村　女性が自ら、ものすごい勢いで自分のセックスをモノ化し始めることがありますよね。花電車ってストリップの一種で、女性器を使ってバナナを切ったり吹き矢をふいて的に命中させたり、字や絵を達者に書いたり、笛で音楽を演奏したりロウソクの火を吹き消したりする曲芸ですが、それを見て観客の男たちは拍手喝采して「いやあ、女はすごい」って発情ではなく感心している。もしくは、男にとって大切なものを持ち主によって物格化されて、ゲッソリしている。あれってマンコ信仰だよね。

柴田　信仰だと思います。

二村　信仰だから恐怖もあるわけだよね。我々AV監督だって、じつはマンコに対してビビッている。

千葉　いわゆる「歯のあるヴァギナ」ですよね。男性のペニスをかみ切るかもしれない能動性を持っているヴァギナという、古典的な不安があるわけですね。

二村　そのことに、非日常のときだけ気がつきたい。普段からそのことを意識していたらインポになってしまうので、ストリップを見物するときだけ「うわあ、女ってすげぇーなぁ」と思いたい（笑）。歯のあるヴァギナかぁ。ほんとにそうだね。

柴田　まさにホラー映画でも『キラープッシー』や『女性鬼（原題は『TEETH』）』というのがありますね。

性暴力に対する批判

柴田　性暴力を表象した映画は数多くあります。実在の猟奇的な殺人事件をモチーフにしたクライム映画もあります。でもそのなかで、レイプ殺人だけが批判されるんですね。

「アリゲーターマン事件」という、テキサスで、殺した人間を自分の飼っているワニに食べさせた事件を基にした『悪魔の沼』も、実際の被害者がいるのに、「セカンドレイプだ」という批判はなかった。「埼玉愛犬家連続殺人事件」をベースにした『冷たい熱帯魚』も、高い評価を得ました。

また、レイプ殺人にしても、被害者がスティグマを与えられやすい人物だと、あまり批判されないんです。『コレクター』（二〇一二年）という映画は、大家族をつくることを目的にして、セックスワーカーや知的障害者を監禁してレイプ殺人したというものですが、あまり批判がなかった。連合赤軍の山岳ベース事件をモチーフにした『鬼畜大宴会』とか、『実録・連合赤軍あさま山荘への道程』なども、レイプがあっても批判はありません。

二村　「被害者」にしてよいということ？

柴田　はい。阿部定の映画だって、チンコを切られた被害者男性がいるのに、その男性がかわいそうという声は全くなかったし、映画ではありませんが、多くの批評や創作を生んだ「東電ＯＬ殺人事件」も、週刊誌からフェミニズム批評まで、東電ＯＬの本当の欲望のような話にはなるけれど、東電ＯＬへのセカンドレイプだというような批判はない。『アメリカン・クライム』と『隣の家の少女』は、「シルビア・ライケンス事件」という、子供を預かることでお金を得ていた貧乏な女性が、預かった子供を虐待・性虐待して殺害したインディアナ州で起きた実際の事件を基にした映画です。

　インディアナ州は保守的な州で、この事件も当初はインディアナ州史上最悪の事件と言われていたのが、最近では、加害者女性の貧困に注目して、犯人のほうにも事情があったというような論調も出ています。二つの映画のうち、『アメリカン・クライム』では、加害者女性が貧困に苦しむ描写があります。

二村　彼女が狂ってしまったのは社会が悪いせいだと。

柴田　そうです。一種のフェミニズム的な観点が導入されていたりする。

二村　だけど、「被害者の気持ちを考えろ。こんな映画を作るな」という声は出ないわけですね。

柴田　はい。「シルビア・ライケンス事件」は、「アメリカ版女子高生コンクリート詰め殺人事件」とも形容されるほど残忍な事件ですが、コーラ瓶を膣に突っ込むような性的暴行は行われていたけれども、レイプはなかった。男性器の挿入はなかったということが特徴的です。

それに対して、日本の「女子高生コンクリート詰め殺人事件」も未成年に対する事件ですが、レイプという要素が大きくて、これが映画化されたときには、二回とも強い抗議活動が起こりました。最初は、行動する女たちの会による絶版運動です[37]。作った会社がVシネの会社で、ビデオ安売王の中ではカルト的にヒットした作品ですが、その絶版運動をおこなった。でもその抗議は、映画の内容には言及していなくて、とにかく、こんな悪い映画はけしからんというものでした。二度目は、二〇〇四年に高《たか》岡蒼佑《おかそうすけ》（現高岡奏輔）が主演した『コンクリート』という映画です。これも抗議が成功しました[38]。最初は銀座《ぎんざ》の映画館で公開の予定でしたが、上映反対の過激な抗議活動が実って公開中止となり、結局、別の映画館で一週間だけの上映になりました。

二村　シルビア事件と違うのは、加害者が男性だということですよね。

柴田　はい。やはり「女子高生コンクリート詰め殺人事件」では、レイプで、膣に入れたのがペニスだったというのが大きいと思います。ドウォーキンは、「殺人のエロス化がポルノの本質である」として、「スナッフフィルム」を例に出して反ポルノ運動を展開します。「男性と女性の関係は全て性関係である」「男性と女性の性関係は全て性差別である」と言うドウォーキンにおいては、チンコというものは、まさに女性を殺すナイフであるという解釈です。逆説的に言えば、「性交」以外の性関係を認めない「挿入中心主義者」ですが、それは、たぶん日本の反ポルノのフェミニストたちにも内面的に共感されているんじゃないでしょうか。

二村　その映画は商品として流通してはいるんですよね？

柴田　『コンクリート』に関しては、レンタル店に置くことを禁止する抗議もあった

(37)「ビデオ「女子高生コンクリート詰め殺人事件」を絶版に！」、『行動する女たちの会資料集成編集復刻版』第八巻、六花出版、二〇一六年。「2ちゃんバッシングで一度は上映中止『コンクリート』への封圧」、『AERA』朝日新聞出版、二〇〇四年六月一四日号。銀座で公開中止となった後、劇場公開にあたってのコメント　http://www.benten.org/concrete/message02.html

(38)「「事実湾曲映画反対」女子高生コンクリート殺害映画化反対支援ウェブサイト」には、「それどころかフィクションと言い張り、被害者家族に了解も得ず、その癖事実あった事件を名として載せるという意味のわからないまるでこれっぽっちも配慮の無い暴挙。殺され役はAV女優だし、監督は元珍走団。許さん。許すまじい映画化。」とある。http://www.asyura2.com/0403/nihon12/msg/743.html

ために、レンタルビデオ店でもほとんど借りられない状況です。二〇一八年現在、セールスはしているけれども、TSUTAYAの店舗検索をすると、渋谷店に二枚しかありません。Netflixなどでの配信もないので、アクセスのしにくさがある状況ですね。この抗議が盛んになった原因には、監督が元暴走族であったことや、被害者役がAV女優だったことがあります。被害者というかわいそうな人をAV女優が演じるというので炎上した。AV女優が被害者を演じることが、被害者へのセカンドレイプだという解釈があったわけです。

二村　いまの柴田さんの話を聞くと、暴力描写だからゾーニングしろという運動じゃなくて、やはり抗議する人本人が傷ついていて「私をこれ以上傷つける表象は、消えよ」というのが本音なんだと思えてしまうな。

柴田　実在の事件を基にしたクライム映画は普通に賞賛されたり、賞を取ったりするけれども、あらゆる暴力と犯罪の中で、レイプが絡んだ性暴力ものだけが、日本では猛烈にバッシングされる。海外の作品でも、被害者が娼婦だったり、あるいは、見られることを職業にしていた女優なんかだと、批判も薄かったり、行われなかったりする。要は、批判する側にすごく保守的な道徳意識と、すべての暴力の中で、セックスにおける暴力だけは許したくないという感情があるのではないかと思います。

二村　『無垢の祈り』という映画があります。原作が平山夢明《ひらやまゆめあき》さんのスプラッター小説で、実在の事件をモデルにしてるわけではないからこの議論とはまた別の話になりますが、少女が虐待されて父親に強姦される話です。

『無垢の祈り』は、どこの配給会社も配給してくれなかったので、しようがなく亀井《かめい》亨《とおる》監督が自力で単館で上映会をおこない、海外なら大丈夫だろうと思っていろんな映画祭に持っていったら、どこの国でも「いや、これはロリレイプがネタだからダメ」と言われたそうです。映画としては大変素晴らしいんです。何が素晴らしいかというと、主人公の少女がレイプされるシーンが、ある演出で表現されているんですが、その演出が非常にグロテスクでありながら、その演出であるが故に主人公を演じる子役には撮影のトラウマを与えないようになっている。どういう演出なのかは話すとネタバレになっちゃうんですが。

柴田　子役のトラウマへの配慮は重要ですからね。キューブリックの『ロリータ』でロリータを演じた女優は「私の人格崩壊はこの映画から始まった」と後に語っています。

二村　『無垢の祈り』の監督は、そこにすごく繊細に気を使っているわけです。でも配給会社のほうが気にしちゃっているんだよね。小児が被害者である性犯罪が登場するという理由で、ほとんど観ることができない。僕は傑作だと思うんだけど。

この映画には狂人が二人登場するんですが、一人は娘を虐待して犯す父親で、つまり最悪の人間です。ですが非常に凡庸な男というか、我々の隣人というか、我々自身を鏡に映したようなキャラクターなんです。観客は彼が考えていることがわかってしまう。もう一人、何を考えているのかまったくわからない殺人鬼も出てきて、こちらは、わけがわからないが故に魅力的なキーパーソンになっている。

原作者の平山夢明さんは上映後のトークで、これは『羊たちの沈黙』の逆転版なんだよと語ってました。なるほど、『羊たちの沈黙』にもレクター博士とバッファロー・ビル、二人の殺人狂が登場します。レクター博士は食人鬼ですが悪のヒーローで、なんなら愛されキャラです。ところが『無垢の祈り』の観客は魅力がないほうの狂人のことが身近に感じられてしまう。こういう映画は観る者の心を掻《か》き毟《むし》り、いやな気持ちにさせて傷つけると同時に、深く考えさせます。

柴田　ペドフィリアやチャイルドポルノの問題に関しては、清岡純子《きよおかすみこ》さんという六〇年代から活動していたレズビアンの写真家がいます。彼女の少女を撮った写真集はほとんど発禁になってしまっているのですが、肉感的な少女ヌードを撮っていた『プチトマト』などのシリーズが一番人気でした。彼女は、人形とか、尼さんとか、一種の客体的なものとしての女性、性を自発的に下りた女性たちのエロスも撮っているんです。

人形や尼さんの写真集はいまだに国会図書館で閲覧できて、そのままズバリ、尼さんが陶器の人形を持っているのは最高にエロいとか、普通にあとがきに書いてあります。

それはすごく日本のレズビアン史で重要であるにもかかわらず、ほとんど黙殺されている。本当はロリを犯したいというようなレズビアンの願望やその表象があるにもかかわらず……。いまは論文も書けないのではと思います。

二村　それはなぜ？

柴田　清岡純子さんでレズビアン・フェミニズム史を書くとしたら、ペドファイル（小児性愛者）の欲望というのを入れざるを得ないからです。加えて、清岡さんの少女ヌード写真は児童ポルノになってしまったので、図版としての紹介はおろか、所持することもできなくなりましたから。彼女は、レズビアン指南書など、ハウツー本も書いているんですよ。女同士のいろいろな体位とか撮って載せたりしながら。また、恋人を斡旋《あっせん》したり、悩み相談電話を受け付けたり、啓蒙《けいもう》や自助グループの運営など、かなり広範囲で活動していた人なんですね。

千葉　なぜペドフィリアがダメなのかというのは、いまお二人の話を聞いていて、いろいろ考えました。ペドフィリアの表象を見ると、子供に実際にそういうことをするヤツが出てくるからまずいとかじゃなくて、そういう表象を見るときの我々の傷つきの問題なんだと思うんです。その傷つきは、非常に特殊な、あるいは、何か欲望の超越論的な構造に関係するような傷つきなんですよ、きっと。そこは、今後また考えたいと思いました。

二村　ますますヤバいところに入っていくね（笑）。

第3章　普通のセックスって何ですか？

#MeToo をどう考えるか

――二〇一八年二月一五日収録

千葉　僕がアメリカに行っていたこともあって、前回の鼎談《ていだん》からしばらく時間が空きましたね。この間も柴田さんは相変わらず炎上案件をたくさん抱えているようだけど(笑)。

二村　ずっとボウボウ燃え続けていたよね。よくこんなに燃料があるなと。

柴田　そのなかでも、世間的に大きな話題になったのが #MeToo 運動です。私は、日本の #MeToo は完全に集団ヒステリーと化していると思います。なぜ、日本の #MeToo がここまでダメなのかというと――ダメでよかったと半分思っていますが――、伊藤詩織《いとうしおり》さんとはあちゅうさんが象徴になってしまったからですよ。

あれは、リベラルの安倍叩《たた》きという側面が強い。性暴力の問題が政治と結びつくことは、フェミニズムの領域で複雑な問題を抱えており、安易に推進されることもあれば、慎重に考えられてもきました。戦時性暴力の問題が顕著ですが、ある国、あるコミュニティにとって「敵」となる者がコミュニティに帰属する「友」に対して行うレイプは「犯罪・性暴力」として自コミュニティの結束を高めるために利用され、

「友」同士のレイプは「性交渉」として隠蔽《いんぺい》されるというような二極化構造や、政治的に都合のよい被害者像、加害者像の構築と、そこからはみ出る被害者の排除や黙殺が行われた歴史があります。その歴史を暴き異議申し立てしてきたのがフェミニズムでもあるのです。#MeToo には、性暴力の問題と政治が結びつくことに関する慎重さが感じられません。そして重要な事実として、伊藤さんの件は完全なブラックではない。ヨーロッパやアメリカは、差別反対を啓蒙《けいもう》する際には明確な事実かつ加害者が悪いと決まったものを挙げましょうという問題提起もありました。ところが日本の場合、もっとも象徴的な事件がかなりグレーゾーンだった。

二村　睡眠薬を盛られたとか、飲み会に呼ばれて行ったら輪姦《りんかん》されたって女性の話、わりとカジュアルによく聞きますよ。普通の会社員とかエリート大学生とかのなかにいる、不自然に自己肯定感が強い男が、そういうことやるんだよね。だけど多くの女性が訴えない。「私も悪かった」とか「私が迂闊《うかつ》だった」って自責するか、まわりの空気を読んじゃって。だから逆に言うと何らかの政治的な思惑がからんで初めて、やっと訴えられるようになるってことなんじゃないですか。あるいは何らかのニュース・バリューがある加害者であって初めて、マスコミが話を聞いてくれるのでは。

柴田　じつは私は、#MeToo が日本で流行《はや》らなくてよかったと考えています。それは、日本人女性に知性があるからだろうと思うんです。#MeToo は、冤罪《えんざい》だった場合の対応策がまるでないし、被害を訴えた人が加害者から報復される恐れもある。ネットのログは残るし、個人情報だって特定されかねません。しかも、アメリカやヨーロッパのように、カウンセリングやサバイバーの施設も充実していないため、PTSDなどが起こった場合に対応できるかも疑問です。そのため、自分の負の感情をネットに呟《つぶや》くことによって、どんどん病気が悪化する可能性もあります。

千葉 基本的には推定無罪の原則があるわけだから、その壁を破ってでもゲリラ的に訴えを起こすのが革命的行為だと言えば、そうかもしれません。でも、#MeToo は男女の分断を深めると思います。対称的に、一部の女性嫌悪運動も過激化すると思う。インセル（incel）とかありますよね。やはり、問題解決には、法的な、第三者の審級があいだに入る必要があると思います。敵か味方かという二者関係だけでやっていたら、潰《つぶ》し合いになってしまう。

『デトロイト』と『スリー・ビルボード』

二村 また映画の話をしていいですか。『デトロイト』という、かつてアメリカで実際に起きた黒人の暴動事件をドラマで再現した作品を観ました。愚劣な白人の警官が黒人を虐待する尋問シーンの緊迫感を延々と続けて、観る者の生理と感情に訴える表現をしています。監督は白人の女性です。
僕、この映画が非常につまらなかったんです。じつに政治的に、わかりやすく、監督が指し示す答え以外の解釈が許されないような作りでした。

柴田　『デトロイト』では、黒人と白人女性対白人男性という明確な対立構造が描かれていましたが、実在の事件を基にした映画でそうした描き換えを行うのは、それこそ、歴史修正主義的な創作に他ならないと思いましたね。

千葉　その映画は、抑圧された女性の立場からの間接的な訴えでもあるわけですよね。

二村　そうなんでしょうね。

千葉　その映画にかぎらず、被抑圧者側から抑圧者側への批判しようがない反撃というものが、さまざまにエンターテインメント化されていますね。まだまだそのテーマは尽きないでしょうし、エンタメにおいて主要なコンテンツのあり方にもなってきている。でもそうなると、何かもう世の中が、絶えざる復讐《ふくしゅう》の連続みたいになるんじゃないかと思います。

柴田　最近も、マンチェスター市立美術館から《ヒュラスとニンフたち》という一九世紀の絵画が撤去されるというニュースがありました[39]。

千葉　絵が飾られていたスペースは、付箋《ふせん》で意見を書いて貼り付けるようになっているんですよね。なんというか、西洋の病だなと思いましたね。

二村　西洋の病というのは？

千葉　西洋というか、英米のピューリタン的な病と言ったほうがいいかもしれません。大ざっぱな言い方ですけど。とにかく、合理性でものごとをはっきりさせようとする。他方でカトリックというのは、教皇のようによくわからない権威を認めるわけですよ。それに対して、ピューリタンの側は、不合理な権威性を認めず、みんなで対等に話して、諸々《もろもろ》クリアにしましょうという傾向だと思うんです。性についても、よくわからないものはイヤなわけです。

二村　まさに『デトロイト』は善悪をきっぱりと分ける映画でした。対照的だったのが、やはりアメリカ映画の『スリー・ビルボード』です。インターネットを使わない一種の #MeToo を発端にした物語なんだけど、すごく面白かった。レイプも障害者も離婚夫婦も人種問題も、はっきりとは描かれないけど同性愛も、全部出てきます。被害者の側にも差別感情があることが描かれているし、悪役とされる人も一面的な描かれかたはしていない。黒人だから白人だから、男だから女だからというのじゃなくて、僕自身も常に誰かに対する加害者であり同時に被害者でありうるという気分にさせられた。とにかく映画として面白いんです。いや本当に、自分の立場に固執した論争をする前に、右も左も女も男も、まずこの映画を観たらいい。それから改めて議論を始めれば、みんなもうちょっと建設的になるんじゃないか。

『デトロイト』では白人男性があまりにも一方的に醜く描かれているので、僕がアメリカ人で白人だったら、あるいは白人の友人がいたら、これを見たあとでかえってトランプ政権側を応援してしまいかねないなと思ったんです。善悪をはっきり決めてしまうと、かえって断絶を深めてしまう。でも、ていうことは弱者のための運動にとっても保守政権にとっても、どっちにとっても『デトロイト』のようなメッセージが明確な映画のほうが都合よくて、『スリー・ビルボード』のような作品は都合が悪いのかもしれません。

千葉　ところで、カトリックは結構、混乱した人間のあり方を認めるところがありますね。クロソウスキーなんかはカトリックの背景がある作家ですし。カトリックからは、正しいものと悪魔的なものがくっつく倒錯的快楽のあり方が出てくる。

柴田　仏教にもそれがあります。学生のときに肖像彫刻を制作させて頂いた、浅草寺《せんそうじ》で僧侶《そうりょ》をされている方から、江戸《えど》時代ぐらいまでの寺は完全にエンターテインメントの場所だったことを聞きました。コンサートも寄り合いも勉強も寺の中でやる。で、その裏には、吉原《よしわら》のような風俗街がある。寺が構造的に、聖俗をセットにしてできあ

(39) "Manchester Art Gallery's #MeToo-inspired removal of nude Nymphs painting branded a 'pathetic stunt'," *The Telegraph*, February 1, 2018. https://www.telegraph.co.uk/art/what-to-see/manchester-art-gallerys-metoo-inspired-removal-nude-nymphs-painting/

がっている。裏まで含めてひとつのものというような認識なんですよね。

ピューリタンだと、そこはないんじゃないですかね。俗っぽさや汚れみたいなものを、どんどんパージしていく方向になっているんじゃないですか。

千葉　まあ、ピューリタンというのはあくまでもラフな言い方ですけどね。

もうエロいＡＶは撮れない

二村　前回、警察がＡＶ業界を本気で規制してくれたほうが我々にとってもいいんじゃないかという話をしました。たとえばスカウトが完全禁止になって参入障壁が高くなりデビューする絶対数が減れば、しっかり根性が据わった女優が多くなり、出演強要問題も減るでしょう。ところが一方で、そうなると不確実性のエロさも少なくなって、アメリカン・ポルノみたいになってしまう。そのほうが健全なんだろうし、そうなっていくのだろうとは思うんですが。

千葉　なるほど、プロっぽくなっちゃう。つまり、何かよくわからない、本人がいったいどこまで自覚があるのかわからない状態でやっているような危うさが、エロかったというわけですか。

二村　もちろん最初から騙《だま》して連れてきて撮影中も明確に嫌がっている女の子を無理

やり撮影するような犯罪行為は論外ですよ。ですが撮影中に本気で感じて夢中になって積極的にセックスを楽しみ、オーガズムを味わっていた女優に、後になってから「気が変わった」と訴えられるケースもあるんです。ギャラが目的で、割り切って冷静にAV女優をやってる人のほうが仕事に対してプライドを持っている場合もある。

千葉　興味深いですね。撮影現場に対して契約的な発想で臨んでいないからこそ、イキまくれるんじゃないですか。それは感覚的にわかりますよ。契約で、仕事でやりますよとなったら、そんな忘我状態にはなれないでしょう。

そういう状態は、ラカンの用語で言えば「現実界」を覗《のぞ》いているということです。AVの世界が完全に「象徴的・想像的」に統御されたものになってしまったら、トランス状態には入れないわけですよ。[40] ギクッとするような生なもの、ヤバいものを垣間《かいま》見《み》ることで、ひとは深いレベルで興奮するわけですよね。

二村　まさにそうなんですが、今回のAV強要問題によってわかったことがあるんです。いままでは日本のポルノが世界一だと思って我々も作ってきました。性器を見せられない制約の中で何とかしていやらしくする工夫をしてきたから面白いAVを作っ

(40) ラカンに関しては、次の入門書や、松本卓也の著作を参照。斎藤環『生き延びるためのラカン』ちくま文庫、二〇一二年。

てこれたのだと自負していた。でも実際には、スカウトマンが素人の女性を連れてきてくれるという日本のAV業界独特のシステムがあるからこそ、曖昧《あいまい》であることのエロさに頼って制作されていた作品も確実にあったんです。

女性がセックスすることに曖昧に同意する、その瞬間をドキュメンタリーではもう撮れない。先にしっかり契約書を交わしてからでないと撮影は始められない。そのこと自体はいいことで、というか「あたりまえ」のことで、出演者の人権についての意識が遅れていた我々の業界がやっと近代化されたのだと僕は個人的には思うんですが……。

千葉 なるほど。AVにかぎらず、あらゆる物事について理性的に契約しなければまずいという社会的なプレッシャーがどんどん強まっているわけです。だから、理性的な判断がされているのか、されていないのかがわからない状況に巻き込まれることは、野蛮な時代のお話ということになるでしょう。おそらく、いまの若い人は「そのあたりがちゃんとしていないなんて、意味不明」という感覚にどんどんなっている。

でも僕ぐらいの年齢だって、よくわからない巻き込まれが確実にあった時代のことを知っているし、その時代が持っている興奮性を褒めたりすることもある。そうすると反動的だと言われるだろうけれど、巻き込まれにこそ宿る興奮性というのは、精神分析的に言えば、やはり確実にある。これは欲望の論理ですから。

　しかし、人間は変わりつつあるのかもしれないと思います。一種のポストヒューマン論として。精神分析的に捉《とら》えられるところの人間でないような人間へと向かっていく……というのが、すべてを契約的にすることに伴うのではないか。二村さんも僕も、巻き込まれの興奮性を今後も死守したほうがよいと言っているわけではなく、ただ、事実確認としてそういう興奮性があったということですね。そして、それは今後なくなるかもしれない。

二村　社会全体が映画『デトロイト』の演出のような、目的的なものになっていきつつある。

千葉　いま、いろいろな場面で訴えを起こしている人たちは、自分自身の揺らぎを自己再帰的に捉えることをすごく嫌いますよね。実はあなたは、もっと裏腹なことを考えているかもしれないとか、あなたが表向き主張していることと逆の欲望を持っているかもしれないということを言うと、すごく抑圧的なことを言っているように見られる。

　でも、これまでの、無意識を持つ存在としての人間像から言えば、自分が言っていることと裏腹の欲望を持っていると考える人間のほうが、魂のステージが高いに決まってるじゃないですか（笑）。

柴田　去年の夏頃にネットで少し炎上した『痴漢撲滅運動』という同人エロ漫画があるんです。男性嫌いな女子高生たちが、痴漢を撲滅するために、冤罪で片っ端から男をひっかけて、示談によってお金を巻き上げている。そのトップには、アメリカから来た金髪の美少女が君臨しているんですけれど、その子は、日本に来たとき初めて乗った電車で痴漢に触られてものすごく興奮したという過去があるんですね。だから、徹底した拒絶や障害を乗り越えて痴漢に来てほしいという欲望がある。来るべき痴漢の到来を待っているんです。最後は結局、彼女も含めて、冤罪によって男性からお金を巻き上げていた女子高生たちは本物の痴漢に電車内で犯され、それによって満たされるんです。

千葉　それは、フェミニストは怒るだろうね。

柴田　私は、逆にすごい異性愛フェミニズムの漫画だなと思ったんですよ。むしろ、これはネットフェミニズムに都合がよすぎるからイヤだと感じたぐらいで（笑）。「男／女」「加害／被害」という非対称性を乗り越えて女性が満たされるなんて、フェミニストにとって都合がよすぎる物語ですよ。

千葉　なるほどね、とびきりアイロニカルな解釈ですね。しかしそれは通じないでしょう。

柴田　通じない。ネットで怒っているフェミニストもいました。でも、これこそあなたたちの願望でしょうと。自分たちがどれだけ攻撃的に出ても、それを乗り越えて受容されること、圧倒的に満たされることが、ネットで怒っているような人たちの欲望なんじゃないのかと。余談ですが、この漫画はとらのあなの男性向け成人同人誌の年間人気ランキング三位でした。「フェミニスト女性の怒り」というモチーフが男性を発情させている。

祝祭の日常化

千葉　痴漢に関していえば、なにかの記事で、男性が受けている社会的なストレスと痴漢を結びつけるようなことが書いてあって「バカか」と思ったんですよね。なぜそんな回り道した解釈をしなきゃいけないのか。そういう事情があるから痴漢をするのだ、みたいな物語を作らないと、お尻《しり》を触られるということの直接性に耐えられないのかな、と思ったんですよ。お尻触ったりするのって、深い事情はないと思うんです。そこにあるから触るんじゃないですか。登山みたいなもので、そこに山があるから登る、という。そのあまりの「事情のなさ」に耐えられない、ということなんじゃないかと思うんです。

二村　加害当事者に会ったことがありますけど、常習者はつかまりさえしなければ痴漢はしていいものだ、なんなら俺が痴漢したことで女は喜んでいるんだと思っています。それは認知の歪みでしょう。

千葉　うーん、痴漢する者の方でも、女性は痴漢をされることを喜んでいるという物語を持っているということですか。もちろんそれは認知の歪みで、女性が痴漢されて喜んでいるわけがないですよね。しかしそれ以上に、お尻を触るという自分の行為に、女性を喜ばせるという物語的理由をでっちあげているというのは、自己欺瞞《ぎまん》じゃないかと思うんです。自分のやっている痴漢行為の「事情のなさ」に、痴漢する者自身が耐えられないからそういう物語をでっちあげるんじゃないか。たとえば博物館に行って、大きなダイヤモンドが展示されていると、立ち入り禁止になっていても触りたくなるでしょう。痴漢もそれとかなり似ていて、バーンと尻があったら触りたくなるということじゃないんですか。ただただ即物的な話として。

二村　普通の人はそれを我慢しているだけ？

千葉　そうそう。我慢しているだけですよ。

二村　言われてみれば、そうですね。痴漢をしていない男性にはそう言われると怒る人もいると思いますが、少なくとも僕は、満員電車に乗ったら我慢をしている。女性の体を、女性の体だって意識しないようにしています。

千葉　でも、我慢のタガが外れることが偶発的に起きる、そこに何も複雑な説明は必要ない。おそらく、あまりに単純すぎるがゆえに、なにか物語がないと耐えられないんじゃないかって思うんですよね。痴漢行為って、単にいい尻だっていうだけで、一切の人格性が捨象されているから。この私が勝手にモノ化されたくない、というよりも、そもそも、即物的な経験ということ一般への恐れがあるんじゃないかと思うんです。

でもたとえばゲイの場合だったら、体を鍛えてハッテン場に行けばいいんです。ハッテン場ってフリーの痴漢空間で、むしろそっと触ることが誘いのサインで、いやだったら離れる。OKだったらそのまま手をにぎって部屋に連れ込むという流れになるので、触られ放題だし触り放題なんですよ。

二村　そこは女性と違いますね。ハプニングバーは男女のハッテン場みたいには機能しないことが多いし、レズビアンのハッテン場というのも成立しづらいと聞きました。

千葉　セックスにも男性文化と女性文化があると言わざるを得ないと思います。どうやら多くの女性はポルノみたいなセックスを求めていないらしく、男性のそういう妄想に付き合わされるのはたまったもんじゃない。これは経験的な勘ですが、男性のほうが即物的だと思います。ポルノみたいなセックスをしたいなら男とやったらいいんですよ。その方が簡単だし、問題も起きづらい。

柴田　セックスには男文化と女文化があり、痴漢も痴漢被害者も痴漢をする、痴漢をされるという「物語のなさ」に耐えられない人が多くいる。「女は俺に痴漢されることを喜んでいる」というような痴漢常習者の図々しい認知の歪みは大変腹立たしい。

ただ、「女性が痴漢されて喜んでいるわけがない」と言い切れるのかというと、難しいです。私はフェミニストですし、個人的には大声で言い切りたい限りですが、友人や知人、年配の女性や若い女性などいろいろな世代と痴漢について話すと、「痴漢にあったことを自慢する、嬉しそうに語るという女性もいるよね」という話はどうしても出てくるし、痴漢被害女性の感情も、「怒り」「悲しみ」「恐怖」「単にウザい」など様々です。だから、「痴漢被害にあったかわいそうな女性」と被害女性がステレオタイプに語られがちなことには違和感がある。

『青少年の性行動はどう変わってきたか――全国調査にみる40年間』[41]という、四〇年分の「青少年の性行動全国調査」の結果から青年期のセクシュアリティのありようや変化を調査した本を読むと、青少年女子の性被害においては、露出狂被害以外の被害経験は性のイメージにプラスの影響を与えているんです。調査者は、日常的に性的客体として位置づけられる女子にとっては、被害であるにもかかわらず、性的対象物としてみなされることは、深刻な影響を与えるものでない限り価値を認められることと認識するのではないかと結論付けています。これは一人のフェミニストとして非常に嫌な事実ですが、とはいえ無視はできないことだと思うのです。

男がポルノみたいなセックスをしたければ男とやればいい、という見解には賛成です。

同様に、女も男とのセックスが嫌なら女とやればいいのだと思います。

二村　どうにも異性が恐ろしくて信用ならないなら男性も女性も性行為は同性としたほうが平和だと、僕も思います。ゲイやバイセクの男性と恋愛はしないけれど性欲解消のためにしゃぶってもらうことはするという、いわゆる「食われノンケ」の男性は昔からいますよね。予感ですが、これから何世代かで「同性とのセックスは生理的にできない」という感覚は薄れていきますよ。

話を戻すと、痴漢は重大な犯罪で量刑はもっと重くなるべきだし、被害者は手厚く守られるべきだと僕は思います。その一方で痴漢という犯罪について、実際の加害者だけを憎む女性と、あくまでも一般論としての冤罪の可能性を言う人のことまで憎む女性がいます。これもデリケートな話なんですけど、その違いはどこからくるかというと、その女性が持っている心の傷の種類、あるいは過去の男性なり親との関係なり生育環境なりの積みかさねで生じた、いつも僕が言いたがる「心の穴のかたち」からなんだと思うんですよ。

たとえば僕は冷笑的な右派のことも嫌いだし、最近の教条的なリベラルの人や、怒

(41) 林雄亮編著『青少年の性行動はどう変わってきたか――全国調査にみる40年間』ミネルヴァ書房、二〇一八年。

り狂っているラディカル・フェミニストが言ってることも嫌い。安倍政権の人たちも嫌いだしインターネットで「自分は女性の味方」みたいなことを言ってる男も嫌いです。思想信条的に左右どちらかを選んでいるんじゃなく、自分の考えは間違っていないと疑いなく信じているように見える人と怒っている人が生理的に嫌いという、それは僕の心の穴のかたちなんです。

自分の感情とつきあって怒るべきときにちゃんと怒るのはいいことですが、とにかく怒り狂い続けている人や神経症になるほどマジメすぎる人にこそ、たまにはルールの外に出て自分を裏切って、エロスを味わって受動的に「めちゃめちゃにされる」時間が必要なんじゃないですか。宮台真司さんの受け売りだけど、昔の人はそのことがわかっていて、セックスと祝祭は社会の外側にあるものだった。昼間の世界ではまじめに社会の決め事に従って働いていたマジョリティが、お祭りになるとトランス状態に堕《お》ち、乱交セックスをする。ゲイのハッテン場はそれと近いのかな。

千葉　ハッテン場はお祭り的ですが、日常の一部としてあるんですね。ただ、ハッテン場に行かないゲイも多いし、嫌悪している人もいるということは付言しておきます。だからゲイの空間はハレとケが地続きなので、やはりストレート社会から見たらゲイの空間全体が例外的なもの、それ全体がハレ的、ということは差別される外部なんだと思います。

二村　ヘテロ（ストレート）男性がゲイ男性を「気持ち悪がる」のは、ある種のゲイ男性が、つねにセックスの近くにいる雰囲気を隠そうとしない、あるいは隠せないからなのかな。僕は個人的にヘテロやゲイであることよりバイセクシャルであることのほうが「まとも」なんじゃないかと思っちゃうんですが。

お祭りの空間は外部だという社会設計は、そこだけで暮らしている娼婦《しょうふ》やオープンな性的マイノリティを周辺化しますね。なんでも「区別」をしていたのが前近代ということか。

柴田　あとは、若者組（男組）とか娘組（女組）で性教育をしていたわけですよね。あまりにも小さな子供を犯してしまうと、その子は精神的にも肉体的にも壊れてしまう。だから、「処女や童貞と交わると穢《けが》れる」という考えによって小さな子供と交わることは抑止されていました。女の子であれば、初潮が始まったら、その村で一番権力のある男とセックスをするんだけれど、同時に、その子の永久身元引受人にもなる。何かトラブルが起きたりしたときに相談に乗ったり、援助をするわけです。男の子の場合も、その村で一番の淫乱《いんらん》ババアが……。

二村　筆おろしをしてくれるんだよね。性的魅力やコミュ力を自力で学べない男性にとっては童貞喪失機会均等で、ありがたい社会。でも女性側に感情移入するとなると、かつて族長が初夜権をもつ共同体があったということを考えるだけで多くの現代人は傷つく。

柴田　当時の女性の性規範と、現代女性の性規範は違うので、本来であれば単純に同一化して傷つくことはできないと思いますがね。

二村　これも宮台さんの「セックスは社会の外にある」という理論を聞いて僕が思ったことだけど、男女であってもゲイの男性同士であっても、仲がよすぎて友達みたいになっちゃったカップルや夫婦がセックスレスになるという話をよく聞きます。それは、その二人の関係が昼間の社会の側に回収されてしまうからでしょう。逆に、昼間は仲よし夫婦の顔をしていても、夜になると友達にはバレないようにSMをやってるカップルだったら、セックスレスにならないと思うんだよね。

作家の橋本治《はしもとおさむ》が三〇年ぐらい前に書いています。誰かを好きになったりセックスを許されるというのは退屈な人生における希望の光であって、恋をするということは同時に「それまで自分がいた世界が闇の中だった」ことに気づいてしまうことだと。宮台さんは、社会は昼の光の下で公正さや損得を考える世界だが、そんなのは人間にとって〝かりそめの場所〟で、薄暗さのなかにあるセックスや祝祭のほうが人間の本質だと言った。橋本さんは逆の比喩《ひゆ》で同じことを言っていて、日常がのっぺりしたつまらない暗さのなかにあったと気づかせる光である恋愛やセックスは、どんな恋愛やセックスであろうと、不倫や同性愛やアンモラルな変態行為であろうと、周囲から祝福される結婚を前提としたおつきあいであろうと、社会にとっては等しくヤバいことでであって、変態のほうがよりヤバいということはない。

　宮台さんに、橋本さんの比喩の話をしたら「光が差すって、それは要するに、浄瑠《じょうる》璃《り》の心中ものの、あのスポットライトですよね」と分析して、なるほどと思いました。恋愛やセックスは、社会の外にないとポテンツが下がってしまう。社会の中だけで暮らしているとインポになってしまう。

千葉　少しつけ加えると、祝祭がそういう形で外に置かれていたのは近代までの構造で、いわゆるポストモダンの時代になると、日常が絶えざる祝祭の空間になってしまう。つまり、さまざまなエンターテインメントの消費が増えるから、常時、疑似祝祭になる。だからセックスレスになっていくと思うんです。

　ファミコンが出始めた小学生の頃は、勉強や仕事もみんなゲームみたいにやれたら楽しいのになと夢想していました。そして実際、僕らの世代が社会の中核を担うようになると、ありとあらゆることがゲーム化されるようになっている。そうやって、日常全体がエンターテインメントの祝祭空間になったときに、いったい何を遊べばよいのかわからなくなったと思うんですね。すべてが遊びになっていく。政治的決定だろうが国際関係だろうが、すべてをゲームとして捉えることが、鋭利な知性の証《あかし》のように考えられる段階になっている。つまり、すべてが「真面目な祝祭」になってしまった以上、愚かになれる空間というのがなくなっているわけです。これは、とてもおぞましい世の中です。

戦闘民族としてのフェミニスト

柴田　私はもともと、フェミニストってサイヤ人だと思ってたんですよ。サイヤ人って文明をもっているにもかかわらず、その文明の力を戦うことにしか使っていない。フェミニストも同じで、たとえ意見が分かれたとしても、戦うことが気持ちいい。

二村　でも、その戦いの動機としても、やっぱり傷つきがあるんじゃない?

千葉　うーん、そこは異論を挟みたいんですけど、傷つきとは違う戦闘欲望を柴田さんは言いたいんだと思うんですよ。その点で、フェミニスト内での対立になる。二村さんが言うように、傷つきを動因にするフェミニストは多いでしょう。でも、柴田さんは、戦闘民族としてのフェミニストがいるということを言いたい。戦闘民族フェミニストと、傷つきフェミニストはぶつかる。

柴田　たとえば、上野千鶴子さんと私の対談は、完全に喧嘩《けんか》なんだけれど、サイヤ人の戦いなんですよ。

千葉　あのひとはサイヤ人ぽいね。

柴田　サイヤ人ですよ。私はボロボロに負かされましたけど気持ちいいんですよ。こんなに戦闘能力が違うという興奮もあるし。

二村　そうか。たしかに上野さんって人は傷ついていないっぽいというか、いや、人間なんだから心に傷がないわけはないんだが、その傷が戦いの燃料になってないっぽい。言い方を変えると、被害者意識がないっぽい。

あと、いまの話を聞いて、『ドラゴンボール』という漫画の構造がわかった。サイヤ人は戦って敵を殲滅《せんめつ》することが存在理由だよね。だけど孫悟空《そんごくう》はサイヤ人なのに地球で育ったので、心を持っちゃっている。悟空は戦うことをコミュニケーションだと思っていて、それは彼の主人公らしい弱点であり心の穴なんだけれども、だからこそ少年ジャンプ的に、戦った相手を仲間にすることもできる。「戦いたい」と「愛したい」が混ざっちゃったハイブリッドが悟空だ。

千葉　なるほどですね。そこで、言語で戦うということについてコメントしたいのですが、言語っていうのは、自動機械であり自己増殖していくものです。言語それ自体は、コミュニケーションのためにあるんじゃないんですよ。むしろ、人間はコミュニケーションのために言語を手なずけていると言える。言語がコミュニケーション機能を逸脱してそれ自体として走り始めるときがあって、そうなったときに展開するのが文学なんですよ。その極点が現代詩になる。だから柴田さんのケンカ的な言語も、ほとんどポエティックになっていて、言語の「戦争機械」としての面が現れているところがある。

柴田　そうです、戦争芸術ですよ。

千葉　戦争芸術というより、戦争としての芸術ですね。人間ってハイブリッドにできていて、言語は人間の外側から人間の体を乗っ取っている。人間には、言語を使わなくてもコミュニケーションできる面があります。それと言語の自動性が組み合わさることで、人間という八イブリッドが成り立っているんです。言語を使うというだけで人間はサイボーグだという見方もできる。言語は機械だからね。だからそういう意味で言うと、悟空はまさにハイブリッドとしての人間を示している。サイヤ人は、戦争機械としての純粋言語なんですよ。

柴田　純粋言語の気持ち良さって抗《あらが》いようがないんですよ。一番気持ちいいことってやっぱり言語同士の掛け合いじゃないと無理なんです。そういう戦闘民族の気持ち良さが傷つきとコミュニケーションの問題に矮小化《わいしょうか》されるのには、砂を噛《か》むような虚《むな》しさがあります。

二村　柴田さんは、柴田さんの快楽のために戦いが必要なわけだよね。

柴田　それはもちろんですが、それだけが理由ではないんですね。もうちょっとフェミニストの中でもそういう戦闘民族が増えないと。

千葉　戦闘民族化したいの？

柴田　バランスの問題であって、全員が戦闘民族でもいけないんだけれど、いまは戦闘民族が絶滅危惧種《きぐしゅ》になっているから。

二村　まあ、共感民族が圧倒的多数だからね。

柴田　それだけだと、ファシズムになってしまう。

千葉　コミュニケーションって、共通化するということですからね。だから、コミュニケーション自体に警戒しなければいけないし、僕は無関係が大事だと抽象的なことを言うわけですよ。やっぱりいま、文学は滅びそうになっていると思っていて、それはコミュニケーション優位になっているからですよ。文学が持っている言語そのものの自閉的側面はどんどん失われている。すごく抽象的な話に聞こえるかもしれないけど、これはセクシュアリティの問題ともおそらく関係しているんです。だから、コミュニケーションに飲み込まれるとセックスも蒸発するんじゃないですか。セックスの持っている無慈悲な戦争機械としての側面はどんどん失われていく。

二村　そうするとポルノも滅びるし、そんなもの滅びろと思ってる人は昔からいると思いますが、そういう世界では不可思議な文学も、面白い映画も滅びる。他者を傷つけないと創作できない芸術だったら滅びたほうがいいと言う人、いまは増えてるように感じるんですが、僕は「人を傷つけること」と「弱者を虐待すること」は別の話だと思うんだよなあ。すべての「人が傷つく表現」が滅ぼされてしまったら……。

柴田 そうなったら文化は全てオワコンですし、人間は滅びるしかなくなりますよね。

千葉 人間はより動物的になっていっている。動物には人間のような言語はないけど、コミュニケーションはするわけでしょう。最低限の効率的なコミュニケーションだけが残る。

サイコパスとの交換可能性

二村 いまの話を聞いて思ったのは、現代の悪役についてです。冷戦期の西側ではソ連のスパイを文句なく悪役にしてよかった。だけどロシア人も人間なんだということがわかって以降は、いろんな娯楽映画での悪役はナチスかその残党が引き受けることになった。それなら誰も文句をつけないからです。そして現在のポリコレ状況下においいて、誰なら悪役に仕立て上げていいのかというと、主人公の気持ちをわかってくれない人、ようするにサイコパスと呼ばれてしまうような人々でしょう。観客が感情移入できない動機で行動する奴が悪役とされて、物語の最後に制裁を受けるわけです。

柴田 最近の悪役は主人公の気持ちをわからない者だと言いましたけど、そういう人間こそ、いま必要だと思うんです。誰もが共感したら、情報が一元化しちゃうじゃないですか。たとえば「アイアムシャルリー」のように過剰な共感が集合しているときに、サイコパス的に「いや、私はシャルリーじゃない。なにそれ？　シャルリー、誰？」と、過剰化する共感感情を相対化させるのがサイコパス的な役割だと思うんですよ。発達障害にもそういうところがあります。「こういうときは、こうやって当然だよね」という常識や良識、規範に対して疑問符を突きつける。冷笑系と批判されようが、そうした視点も必要だと思います。

千葉　「サイコパス」という言葉は、反社会的で、犯罪性を含む意味で使うこともあるけど、柴田さんは広い意味で「非社会的な存在」として捉えているわけですよね。

二村さんが言うように、今日において、ある種の発達障害的、サイコパス的とも言えるかもしれないような、共感性を持たずに勝手な行動をする人、あるいは、非常にワガママというか、いわば「エゴイズム」を超えるエゴイズム」で動くような人が、純粋悪として想像されているというのは、そうだと思いますね。

二村　『デトロイト』に出てくる白人警官はまさに発達障害的な悪役として描かれ、「虐げられた黒人がかわいそう」という観客の感情を揺さぶるわけです。もちろん白人警官のやったことは不当だし罰せられるべきだと思うけれど、僕は当時の彼らにだってなんらかの感情はあったと考えます。それを単純に、絶対悪として描くのはどうなんだろう。僕自身だって、人の気持ちがわからないところは大いにありますから。

千葉　映画を観ていないので、二村さんの言葉から受けた印象でしか言えないけれど、「こいつは絶対にダメだ」という存在に対する批判が単純化しているということではないかと思いました。そのことに対して、二村さんも懸念されている。なぜかというと、どんなに問題がある人間であれ、交換可能性を考えるべきだから。僕もそう思います。やはり、ダメなものはダメだと言ってしまったらおしまいなんですよ。

逆に言えば、そのことからあぶり出されてくるのは、いま、いかに共感の時代かということです。一方では、共感が苦手な人をケアして、共感性のほうに参入させなきゃいけないということはあるわけです。たとえば発達障害の人に対する細かいケアを、いままでやってこなかったけれども、やるようになった。特別支援教育などですね。

コミュ力の価値が上がることで、そこからこぼれるあり方、発達障害というカテゴリーが注目されるようになった。昔だったら、「ちょっと変わった人」ぐらいで済まされていた人を、病理化してカテゴリーを作って、どんどん取り込んでいっているわけです。

じゃあ、共感の時代の中で、みんなどんどん優しくなっていって、いままでより細かな配慮がみんなできるようになったのかと思いきや、そうともいえない。共感から外れる者に敏感になっているから、ちょっとでも外れていると、それを病理化して見《み》出《いだ》して、取り込もうとする。だから、発達障害的な人への心優しいケアがどんどん広がっているかのような状況と、サイコパス的なものへの恐れというのは、同一平面上の現象です。ケアの善意がある一方で、その裏側で、異常に反共感的な存在が、一種のファンタスムとして想定される。そこからつなげると、ツイフェミの人たちが求めているのもある種の共感の制度であり、それを真正面から攻撃する柴田さんというのは、意図的にサイコパス的な批判をしているわけです。柴田さん的には、自由の追求は、共感批判を通過しなければならない。

二村　そうしないと危険だよと。

柴田　危険だし、他者に憑依《ひょうい》してしまうことになり得るので。本当にマイノリティを支援するとなったときに、一番やっちゃいけないのは、マイノリティに憑依してしまうことです。たとえば、「黒人かわいそう」でも、本当の黒人の辛《つら》さが理解できるわけがないんですよ。

千葉　そこを「わかる」と言っちゃうのは暴力的だからね。これはＬＧＢＴのことでもそうですよ。

柴田　最近、北原《きたはら》みのりさんが、本やイベント(42)で慰安婦に感情移入し「慰安婦問題は #MeToo だ」というようなことを言っていたけど、いま日本で生きている女性が、戦時中の朝鮮人慰安婦のことをわかるわけがない。わからないことを勝手に「わかる」と言ったり、自分に引き付けて「私は慰安婦だ」みたいに憑依するのは危ないですよ。

会田誠《あいだまこと》の《ジューサーミキサー》という作品にも同様の反応がありました。幼女をレイプする表現は、たとえそれが現実の加害ではなくても、子供と女性へのヘイトスピーチではないかとする北原さんは、女の子たちがジューサーにかけられている絵を見て、「怖くて、動けなくなった」と描かれた少女に感情移入し、すべての女性があそこにいるというふうに言ってしまう。いやいや、あなたジューサーにかけられたことないでしょう（笑）。

二村　あれを自分だと思って痛みを感じるのは、芸術の鑑賞の仕方として一つあるけど、私がそれを見て傷ついたから暴力だ、禁じろというのはおかしいよね。でも、世の中はそうなりつつある。

千葉　そういう訴えが起こらないものを作るようにしましょうとなっているわけです。

二村　だって芸術家のほうは、最初から見る人をイヤな気持ちにさせたいという動機で作っているわけでしょう。

柴田　少女漫画のホラーだってかなりエグかったりするんですよ。女性にすごく人気のある丸尾末広《まるおすえひろ》の『少女椿』では、主人公であるみどりの母親が死ぬのですが、みどりは、母親のマンコから大量のネズミが出てくるのを見て、母が死んだことに気づく。

千葉　こわっ（笑）。

柴田　怖いでしょう（笑）。死んで、内臓（子宮）をネズミに食べられたところを見て、「お母ちゃんが死んだんだ」と自覚する。少女漫画のホラーのほうがよっぽどエグい。けれどもそこには強烈な自らの出自の否定が描かれている。そしてその出自の否定は、主人公をアイデンティティ構築の旅にいざないます。これが思春期の少女を中心に支持される理由は明白です。

普通のセックス？

千葉　ノルウェーの国営放送局が「普通のセックス」という番組を放映したことが話題になりました[43]。ポルノに影響を受けていないようなセックスを紹介するという趣旨です。

　これに象徴されるように、いまは変態とか倒錯ということに対する反発が起きている。変態や倒錯を言祝《ことほ》ぐエピステーメーというのは、六〇、七〇年代のアバンギャル

(42) 北原みのり・香山リカ『フェミニストとオタクはなぜ相性が悪いのか「性の商品化」と「表現の自由」を再考する』イースト・プレス、二〇一七年。
　香山リカ・北原みのり「女たちのエロスとフェミニズム」、『フェミニストとオタクはなぜ相性が悪いのか「性の商品化」と「表現の自由」を再考する』刊行記念イベント、本屋B&B、二〇一八年一月一八日。
(43)「ポルノではない「普通のセックス」をノルウェー国営放送局が放送」、Yahoo! ニュース、二〇一七年一一月二二日。https://news.yahoo.co.jp/byline/abumiasaki/20171122-00078423/

ドにも八〇年代のニューアカにもありましたが、でも現在は、普通というものをちゃんと考えないといけないのだという動きが強く出てきている。僕はそういう「新たなるノーマル論者」をすごく警戒しています。もしセックスから幻想を取り除いてしまったら、あるいは、ポルノグラフィー的な、相手を客体化するという性質を全く取り払ってしまったら、もはやセックスじゃないと思いますよ。

限りなくポルノ的客体化がないような、二人のフュージョンといったことを宮台さんは言うけれど、宮台さんも、それでも客体化は残っていると考えている。たぶん、今日の正しいセックス、普通のセックスというものを言おうとする人たちは、壁や距離がない、本当のコミュニケーション的合一みたいなものを夢見ているけれど、それはほとんど性の否定だと思うんですよね。

二村　僕も正しいセックス、愛のあるセックスというようなことを言いますが、僕が〝女性がアクティブなAV〟を撮り続けてきたのは、そのほうが正しいからではなく、前にも言いましたけど僕自身がそのほうがエロいと思っているからです。僕は正常位より騎乗位のほうが正常だと（笑）思うし、男ふたりでひとりの女を犯すより女ふたりと僕ひとりで交わるほうが楽しいと思ったし、ほんとは俺だけじゃなくてみんなもそう思ってるはずだと主張し続けた。そういうフェチだったわけ。

女性にアクティブにセックスしてもらうためには、女性の主体性が重要になる。こちらのやりたいことが先方のやられたいことになり、向こうのやりたいことがこちらのやられたいことになるためには、ちゃんと目と目を見て、相手の欲しいものを知らないといけない。そのほうがエロい。そのための「愛あるセックス」なんです。

千葉　二村さんの場合は、より快楽を追求するための、正しいセックスなんですよね。

二村　ただ、話を聞くに、どうも世の中のヘテロでノーマルとされている多くの男性も女性も、あんまり相手の目を見ないでセックスしている。むしろ変態の人のほうが、変態行為は度を超すと危険ですから、そうならないように相手の反応を繊細に見ている。過激化したいなら相手とフュージョンしながら過激化していくように、自分勝手に盛り上がらないように、というエチケットがある。ところがノーマルな女性は恥ずかしくて目をつぶっちゃうことが多いし、ノーマルな男の多くも相手の心にダイブしていく快感を味わってない。

千葉　目をつぶっちゃうんですか？

二村　快感を共有していることでさらにまた興奮する、という回路ができていないんですよ。

千葉　なるほど……。ところで、女性がフェラチオしてくれるものだと思っているのはポルノの悪い影響だという話を聞いたことがあるんですが、「えっ、女性ってフェラチオしてくれないの？」と衝撃を受けました。男同士では普通、というか、挿入は物理的に難しいのに対し(慣れるまでは痛いから)、フェラチオなら簡単にできるので。一般的な問題として、男女のセックスでは、フェラチオはあまりしない行為なんですか。

二村 そうでもないと思いますけど、たしかにフェラチオが嫌いだという女性は一定数います。ゲイのなかのフェラ嫌いの比率よりは多いのかもしれませんね。嫌いな女性は、男へのおつきあいとして一応やっている。

風俗嬢ではない女性が恋人の男性の乳首を舐《な》める行為だって、ここ十数年僕たち痴女好きAV監督が撮ってきた作品によって市民権を得て……(笑)。

千葉 普及した。

二村 それと同じように、日本にAVができるまでは、フェラチオというのはゲイ男性かプロの女性か、素人だとよっぽどエロい女性しかしない過激な行為でした。昔のフェミニストというかウーマン・リブの女性の中には、好んでやっていたエロい人もいたようですが。

千葉 その時代はそうだったんですね。

二村 春画を見ると江戸時代はやっていたようだけど、明治になってキリスト教が入ってきて口淫なんてことは変態行為だという認識になった。

千葉 いずれにせよ、ポルノグラフィーが現実のセックスに介入することを、躍起になって否定するのはおかしいと思います。AVみたいなコマーシャルなものだけじゃなくて、広い意味でのポルノグラフィックな想像力もあるわけです。それを媒介しないセックスといったら、純粋な子づくりか、純粋なケア行為かという話になっちゃって……。

二村　興奮のしようがなくなりますからね。変態性が皆無なセックスは味気ない。

千葉　二村さんは女性の能動性を強調するわけですが、それは、交換可能性というか、自分自身がウケになったり、タチになったりすることですよね。そういう交換可能性があるから一方的に相手を傷つけない、というところがポイントなんだと思います。

一般の男性は快感の追求が甘いから、貧しいセックスしかしていない。それは一方向的になるわけですよね。だから、相手を傷つけてしまう。それは快感の追求が足りないからですよ。

二村　そうですそうです。わかってくれて、ありがとう。

千葉　快感を追求したら、自分自身が受動的な立場に立ったり、もっとリバーシブルな関係に絶対向かっていくわけです。

二村　男性相手にタチになることも可能な女性がエロいのは、そこなんですよね。上に乗って騎乗位してくれとお願いしなくても、女性自身の欲望でそうしてくれる。そういうセックスが、セックスをたくさんしている人たちだけじゃなく一般にもっと普及すれば、男女間の憎しみや分断ももうちょっと減るんじゃないか。まあ理想論ですが。

アンチソーシャル・セオリーのゆくえ

千葉　前回の収録以後、おふたりは読んだと思いますが、僕はツイッターでカミングアウトしました。この鼎談は、自分のポジションをはっきり出さないところから始まったけれども、結局、おふたりと話す中で、そろそろ潮時かなと思ったということもあります。

カミングアウトをした理由の一つには、現在、健康なLGBT像みたいなものが強く出てきている状況に対して、ポジションをはっきりさせて、それに対して当事者には不満もあるのだと言わなければならないと思ったということがあります。もちろん、健康なLGBTを目指したい当事者もいますよ。でも、僕としては、そういう人たちとの対決線をある程度はっきりさせたかったわけです。その対決をせずに死ねるか、と思った。

まあ、いつかは言おうと思っていたんですよ。二〇歳の頃から、もし自分が知識人になるのだったら、ゲイであることを引き受けた知識人として、何がしかの責任を引き受けたいと思っていたから。

少し昔話をすると、僕が二〇歳の頃は九〇年代末で、「カミングアウト」という言葉が流行した時代でした。カミングアウトして向き合っていくのだ、というテンションが高まった時代です。ちょうどキース・ヴィンセント、風間孝、河口和也の『ゲイ・スタディーズ』が出た頃ですね。大学の授業でも、ジェンダー・セクシュアリティの問題が取り上げられるようになっていた。

しかし、そういうカミングアウト急進派には批判もあり、二〇〇〇年代には、言わないでバレバレの状態にしておくことこそがラディカルだというような雰囲気があったと思います。僕は結局その線でいくことになった。でも、それから時間が経って、最近の自民党は、LGBT政策で、「カムアウトする必要のない」社会というのをスローガンにしているんです。[44] すごくないですか？　言わなくても多様性が尊重される社会。それは、結局はマジョリティの規範を追認することになると思ったんです。曖昧戦略というものが持っているラディカルさが、日本的な「なあなあ」の中に回収されていくのかと思ったときに、これはもう、被差別者であることを引き受けて前に出ていくほうが、よっぽどイライラしないし、いいんじゃないのかと思ったという感じ

（44）自由民主党政務調査会、性的指向・性自認に関する特命委員会「性的指向・性同一性（性自認）に関するQ&A」、二〇一六年六月一六日。https://www.jimin.jp/news/policy/132489.html

ですね。

二村　アメリカではいまどういう状況になっているんですか？

千葉　いろいろ割れているようです。ボストンでキース・ヴィンセントと議論をしてきました。彼は九〇年代に日本に留学していて、日本語ペラペラの日本文学研究者です。日本のゲイアクティビズムの火付け役でもあって、いまはボストン大学で教えています。

彼は、みんなで社会をちゃんと動かしていかなきゃいけないという立場です。僕がアンチソーシャル・セオリーへの関心を言ったら、アンチソーシャル・セオリーはサステナブルじゃないからダメだと言うんですね。

僕はむしろ、世間的にはノーマライゼーションが強くなっているから、アンチソーシャル・セオリーのような異議申立てが必要だと言ったんだけど、キースに言わせると、いやいや、アンチソーシャル・セオリーは力が強いから、それに対抗しなければならない、と。ところが別の学者と話すと、アメリカの現状では、アンチソーシャル・セオリーは政治的に力はない、政治を動かしているのは、アンチソーシャル・セオリーを敵視している人権団体だといいます。

だから、どっち側につくかで違うんですよ。いま挙げた、後者の先生は、昔のゲイカルチャーが持っていた遊びの要素がいま失われている、いろいろ問題はあったにせよ、昔のパーティーとか良かったよね、などと言っていて、アメリカもいろいろだなと思いました。話す人によって違う。

二村　見えている世界、体験している場所が違うのか。それともそれも、その人の心の穴でバイアスがかかっているのかな。

千葉　少なくとも言えるのは、アメリカは、潔癖なポリコレ一本槍《やり》じゃないし、また逆に、ポリコレ批判が上回っているわけでもないし、どちらもあるということです。日本で、英語圏の議論を使っていろいろ言う人は、自分に都合よく使っているところがあるから、そこは注意が必要だということですね。

柴田　#MeToo運動に関しても、アメリカでは結構批判記事が出ています。アジズ・アンサリというインド系アメリカ人のコメディアンが #MeToo で告発されたけれども、アメリカ国内でもニューヨーク・タイムズをはじめとした、主なリベラル紙は、「権力を利用した性暴力」ではなく「がっかりに終わったデート」であるとし、これを #MeToo として含めるのはいかがなものかと批判的な記事が出ている[45]。でも、日

（45）Bari Weiss, "*Aziz Ansari Is Guilty. Of Not Being a Mind Reader.*," *The New York Times*, January 15, 2018.https://www.nytimes.com/2018/01/15/opinion/aziz-ansari-babe-sexual-harassment.html
"The Humiliation of Aziz Ansari," *The Atlantic*, January 15, 2018.https://www.theatlantic.com/entertainment/archive/2018/01/the-humiliation-of-aziz-ansari/550541/

本のリベラルメディアはそこを訳さないし、#MeToo の構造的問題として扱わないんですよ。アメリカで #MeToo が批判されていることを訳さずに、自分たちのセオリーにとって都合のよい部分だけを紹介して問題点を隠蔽するようなところがある。

二村　「冷静に是々非々で考えていかないと、#MeToo 運動には危険もある」という認識が広がらない。

不愉快による禁止の怖さ

千葉　アメリカで聞いたエピソードにこういうものもあります。日本のコンビニでは、オリンピック対策でエロ本を撤去する動きが強まっていますね。そのときに、欧米では、公共の場にポルノが露出していないと言う人がいます。でも、ロサンゼルスの先生から聞いたのですが、ロスの公立図書館には自由に使えるパソコンコーナーがあり、そこに朝からホームレスがズラッと陣取り、ずっとポルノ動画を見ていると(46)。彼によると、ホームレスだからといって、当然、使用を禁止するわけにはいかないし、何を検索するのも自由だし。フィルタリングはあるんだけど、やり方によってはポルノサイトを見れちゃうんですよ。

二村　禁止したら「差別」になっちゃうからね。

千葉　ええ。まさに自由の国アメリカの、自由の理念ゆえに、そういうことが起こっている部分もあると言っていました。

二村　子供の目に触れるところにポルノがあるかどうかは、どうでしたか？　普通に暮らしていて。

千葉　ロスの図書館の件は、そばに子供もいるから、なおさら問題なのだそうです。エロ本に関して言えば、見かけなかったと思います。

二村　もうほとんどインターネットになっちゃってる？

千葉　社会が全面的にeコマース化されていくと、ゾーニングが進む面はありますよね。

二村　見えなくはなるんだけど、それが、ちゃんとしたゾーニングになっているかどうかは難しいところです。

千葉　ああ、進まないか。ポルノ広告が出まくるから。

二村　そうなんですよ。これも繰り返しになるけれど、僕は自分がポルノ業者だからこそ「ゾーニングはちゃんとやってくれ」と思う。そして、かならず社会の外への抜

(46) "LA allows porn viewing on library computers. Some city leaders want to change that," *Los Angeles Daily News*, November 21, 2017.https://www.dailynews.com/2017/11/21/la-allows-porn-viewing-on-library-computers-some-city-leaders-want-to-change-that/

け穴を残してほしい。つまり昔の子供は（ノスタルジックに物語化されてることを言いますが）雑木林に打ち捨てられたガビガビになったエロ本を見つけることができた。ああいうのは絶対にあるべきです。つまり、社会の外に子供が苦労してたどりつく。もしくは偶然たどりついてしまった場所に、ヤバいものは転がっているべきなんです。
　でも僕がいま、ポルノを嫌うフェミニストたちに一理あると思うのは、いまのインターネット上のポルノは見たくないのに常に出てくる。そこには苦労も偶然もない。しかも虐待系のものが平気で出てくる。僕としても、それは全然好ましいことではない。

柴田　私は、見たくないものがあることには耐えるべきだと思う。

千葉　ある程度ね。

柴田　見たくないものというのは、必然的にマイノリティの一つの要素ですよね。

千葉　なるほどね、その角度から展開するわけね。

柴田　ヘイトスピーチ対策法に賛成している人たちですら、不愉快による禁止だけはダメだと言っているんですよ。なぜかというと、マイノリティこそがマジョリティにとって不愉快な存在になり得るし、「ネトウヨは不愉快だ、消えろ」となったら、「在日は不愉快だ、消えろ」も許されてしまいます。

二村　たしかに、いわゆる多様性のためには、そう考えるべきだよね。

柴田　でも、フェミニストたちが、これは私が傷つくからダメなのだとなったときに、それは結局、不愉快の問題になってしまいますよね。

二村　僕もグロテスクだったり残虐だったり、人間をモノ化する表現が完全に禁止・封殺されてしまうのは、まずいと思います。でも、いまのネットはいちおうゾーニングされてるとはいえ、そういうものの氾濫《はんらん》がひどすぎる。程度の問題になってしまうけどね。

千葉　ところで、アメリカの薬局では女性用のバイブを売っていてビックリしました。あれは能動的に性を楽しむためのものだからよいという発想なんでしょうか。

柴田　治療道具だったからという側面もあるかもしれません。女性の性欲が抑圧され、病とすらされていた一九世紀イギリスのヴィクトリア朝下では、ヒステリー患者とされた女性に対して、医者はバイブでイカせることを治療としていたんですよ。女性のヒステリー治療には女性器切除やヒルによる瀉血《しゃけつ》、膣《ちつ》にシチューを流し込んで子宮に栄養を与えるというようなおぞましいものもありましたが。

二村　『ヒステリア』というイギリス・フランス・ドイツ・ルクセンブルク合作の映画が、産業革命のときにバイブを発明した医師の話なんです。女性がクリトリス・オーガズムを得ることはフェミ的にも正しい。アフリカのある部族がそうだけど封建的な前近代の男権社会では、女性にチンコ挿入以外で快感を感じられては困るという理由でクリトリスを切り取る蛮習もある。そういう虐待と抑圧の歴史があってアメリカでは人目につくところで女性用性具を売るのがOKなのかな。日本のドラッグストアは女性用を売らずにＴＥＮＧＡばかり置いてるのがよくないと怒る人はいないのかな。

千葉　どっちも売れればよい。

二村　そういうことです。日本ではＴＥＮＧＡ社ががんばっててｉｒｏｈａという女性用のオシャレなローターを開発して、二〇一八年には東京と大阪の有名百貨店のレディス・フロアに期間限定ショップを出したりしました。

千葉　ＴＥＮＧＡは薬局で置いていますか？

二村　大きなドラッグストアだと、コンドームの近くに置いてあるところがあります。

千葉　それは気づいてませんでした。

柴田　あと、ＴＥＮＧＡは治療用に使われたりしますからね。

二村　あの会社は商品であるマスターベーション補助具についてすごく真面目に考えていて、たとえば圧迫系オナニーのやりすぎで膣内射精ができなくなってしまった男性のために、段階を追ってゆるいＴＥＮＧＡにしていき、最終的に女性の膣くらいのゆるさにたどりつく、などという商品もプロデュースしてます。

社会的包摂への違和感

二村　千葉さんは結婚制度については、どう考えています？

千葉　僕個人としては、パートナーシップ制度をつくってくれ、という立場です。フランスのPACSみたいな。結婚というのは政治的な意味合いが強い制度ですよね。つまり、国民国家としては、結婚して子供をつくる人が一級市民なわけです。だから、結婚制度に対する批判の学問的蓄積があるわけだし、そのことは、いまあらためて言わなきゃいけない。そのことを忘れたかのように、LGBTの結婚が認められて素晴らしいみたいに言われているのは問題だと思う。

だから僕はツイッターで、英語圏では同性婚に対する批判が当事者から出ているという話もしているわけです。

このあいだアメリカで聞いた話ですが、マサチューセッツ州のあるゲイの大学教師は、パートナーシップを結んで、旦那《だんな》と二人でずっと暮らしてきた。大学側が、男女の結婚と同様に、パートナーシップを結んだ人にも、保険などさまざまな便宜を図ってくれるからです。ところが同性婚が合法化されてからは、同性婚でないとサービスが認められなくなったそうです。

二村　籍を入れなさい、と暗に強制されることになる。
千葉　そう。それでやむを得ず同性婚することに決めた、と言ってました。すでにアメリカでは、そういう先進的な状況が起きている。
二村　国家が結婚を管理するのは、まずもって子供を管理したいからでしょう。
柴田　あと、財産ですね。
二村　そのときに、子供をつくれない男性同士や女性同士の結婚が推奨されると、今度は養子を取れという話になる。あるいは女性同士の場合、人工授精で子供を産んでいるカップルのほうが、産んでないカップルより偉くなるよね。
千葉　国家に対する責任を果たしているということになる。
二村　それって結局いまの、ノンケだけど結婚したくない女性や、男と結婚したけど子供を産めない産みたくない女性が受けている抑圧と同じ迫害を受けなきゃいけなくなる。それはあんまりいいことじゃないと思う。
柴田　そうですね。そしてそれはおそらく、ファシズムにつながると思うんですよ。最近、『山田わか　生と愛の条件』という本を読みました。山田《やまだ》わかという女性は、明治生まれのフェミニストです。平塚《ひらつか》らいてう、与謝野《よさの》晶子《あきこ》、山川菊栄《やまかわきくえ》と行った「母性保護論争」において、らいてうとともに国家による母性の保護を求めた人です。貧困母子の国家による擁護を目指し、母子保護法制定への働きかけを行い、「銃後の母」としてファシズム国家を牽引《けんいん》しました。学歴は小学校卒で、豪農の娘。頭は良かったけれど、「女に学は要らん」というので進学はできず、結婚し離婚して、一八歳で困窮した実家を救うために渡米し、売春窟《くつ》みたいなところで働きます。そこでの生活に苦しみ、キリスト教の保護施設に辿《たど》り着き、そこで出会った日本人の社会学者・山田嘉《か》吉《きち》と結婚することによって救われるんですね。

　山田わかの主張は、女性の性的な解放を痛烈に批判し、道徳的な性の統御を求めるもので、女性の個人主義は「無政府主義」や「自己満足の世界放浪」と切り捨てました。また、朝日新聞の相談コーナーを担当していて、家に強盗に入られて、レイプされて妊娠しましたという相談に対して、レイプされた子でも産みなさいという回答が大きな話題を呼びました。当時の日本は中絶が禁止されていましたが、中絶は必要悪であると考える国民は多く、知識人も同様でした。わかは女は他者をケアすることによってしか救われないという思想で、自分が性暴力サバイバーであることを言わずにずっと生きてきて、ファシズムにも加担していった。実際、ナチス・ドイツとイタリアで講演をしたりして、大政翼賛体制のときには、女性に戦争協力を訴える啓蒙活動を積極的にしていました。『山田わか　生と愛の条件』は、そういう彼女の言動を批判的に検討する論集です。

二村　「女は子供を産んでこそ、まともである」ということを言う人は、いまだにいるよね。

柴田　でも、わか自身は子供を産んでいなくて、殺人犯の子供を養子にし、家を住み開き貧しい人たちを招き入れ共同生活をしています。

二村　その行いはよい行いだと思うけど……、そうか、女性は個人主義を放棄して家族的なケアの担い手たれ、という思想か。

柴田　現在多くのリベラルが支持しているフェミニズムや女性支援も、結局ここにつながっていくんじゃないかと懸念しています。結婚するのが偉いとか、女は子供を産めるから偉いとか、いまのSNS上で見られる自称フェミニストたちのリベラルを装ってはいるが実質保守的な姿勢は山田わかにきわめて近いものがある。当時も、山川菊栄からファシズムにつながると批判されていますが、山田わかは一九七九年に『あめゆきさん』というドラマになったり、近年では社会福祉の立場から、彼女を再評価する声もあります。彼女はDV被害者を保護する施設や児童養護施設をつくる社会福祉家でしたからね。

たとえば、同性のパートナーシップを認めずに、結婚だけに絞る。しかも、レズビアンでもゲイカップルでも、子供を産み育てるほうが偉いとなったときに、こういう思想とつながっていく危険はすごくあるんじゃないかと思います。つまり、人が社会制度や社会サービスに包摂されると、それは実質、国家管理の範囲を拡張していくことになる。国家による個人の管理が、社会福祉の形をとって実現するわけです。

千葉　まさにそういうこと。個人の側の便益だと思っていたら、実際には管理体制への加担となっている。そういうことに対する警戒感がいま非常に希薄です。とか言うと、左翼だと言われるわけだけどね。今日のいわゆるリベラルは、いま言ったような左翼的批判なんて言っていても現実的じゃないから、現実的にいこうという立場なんだよね。

柴田　でもファシズムへの警戒感は、ある意味、リベラルのほうが現段階では鈍いと思いますよ。右派は弱者を見捨てることで、まだ逆に多様性が保たれているところもあります。いまの主流のフェミニストは、女性が子供を産みやすい社会をつくるために、経済的支援や保育園の拡充を国に求めているわけだから。

千葉　インクルージョン、社会的包摂の議論ですよね。いまのリベラルは社会的包摂に強く傾いているから、福祉国家批判がわからない人たちが多い。僕は小泉義之《こいずみよしゆき》という哲学者の影響を受けていますが、彼は深いレベルで福祉国家批判をしている人です。基本的に福祉国家はファシズム的なあり方だからです。

二村　でも、福祉が全部ダメだとしたら、弱者はどうしたらいいの？

千葉　問題はそもそも、国家の存在です。福祉というのは国家があらゆる人間を抱き込んで、懐柔していくシステムだから、共同性の別のシステムをつくらなければならないと。そこから先をどうするかは、思考実験するしかない。小泉さんはアイロニカルな人なので、福祉国家の拡大をむしろ積極的に褒めて、福祉国家が最大限に拡大した結果として壊れてしまえば、その後のシステムはおのずと出てくるだろうという考えなのかなと思います。

二村　たとえば国家が大企業や富裕層からたくさん収税するのではなく、最終的には金持ちが自分の意志で寄付するようになるということ？

千葉　そうなると、リバタリアン（自由至上主義者）になりますね。そもそもいまの二村さんの疑問は、金持ちと貧乏人がいるという状況が前提になっているので、資本主義のロジックでやっていこうという前提です。その前提を疑うことまで含めると、さまざまな思想的立場が出てくるでしょう。

　未来の話はともかく、基本的な認識として、福祉国家というのは手放しでよいものだとは言えない、という認識は重要です。この認識を持っていない人が多いわけです。

第４章　失われた身体を求めて

ポリティカル・コレクトネスによる表象批判

——二〇一八年三月二六日収録

柴田　私には、最近のポリティカル・コレクトネスを理由とした「性的な表象」叩《たた》きは、ほとんどイコノクラスム（偶像破壊）の領域に到達しているのではないか、という懸念があります。

イコノクラスムという言葉は、狭義にはバーミヤンの仏像破壊など、宗教的価値を持つ偶像を破壊することを意味します。ですが、広義においては、政治的、あるいはジェンダー的な意味合いで美術作品などを破壊する行為もイコノクラスムとして捉《とら》えられるんですね。

たとえば、ベラスケスの《鏡のヴィーナス》という作品があります。これはベラスケスが描いたなかで唯一現存している裸婦を描いた作品です。一九一四年に、この《鏡のヴィーナス》を、サフラジェット（過激な婦人参政権論者）であるカナダ人女性が、サフラジェットの指導者であったエメリン・パンクハースト夫人の逮捕に対する報復として、肉切り包丁で切り裂くという事件がありました。

最近では、ニューヨーク・メトロポリタン美術館に対して、バルテュスの作品《夢見るテレーズ》の撤去を求める署名運動が行われました。[47] その趣旨は、若い少女が煽《せん》情《じょう》的なポーズで描かれている絵を美術館が誇らしげに展示していることが不快だからというものです。さらに、この作品を大衆に向けて展示することで、メトロポリタン美術館は覗《のぞ》き見行為や、子供を性的対象として見ることを美化していると糾弾しています。いまのところ、美術館側は「撤去はしません」と断言していますね。

それから前回少し話題になった《ヒュラスとニンフたち》の撤去[48]についても、経緯を詳しく調べてみました。結論から言うと、撤去そのものが、ソニア・ボイスというアーティストのプロジェクトの一環としておこなわれていたんですね。

撤去した壁のスペースには「マンチェスターのパブリックコレクションにおけるアート作品の展示や解釈にまつわる議論を促進するため」作品を撤去したと説明され、「私たちは二一世紀という現代の文脈に沿って、コレクションについてどのような議

(47) Natalie O'Neill, "New Yorkers call for removal of Met painting that 'sexualizes' girl," *NEW YORK POST*, December 3, 2017. https://nypost.com/2017/12/03/new-yorkers-call-for-removal-of-met-painting-that-sexualizes-girl/

(48)「英美術館が裸婦の絵画を一時撤去、「賛否両論」も作品の一部だった？」、CINRA.NET、二〇一八年二月五日。https://www.cinra.net/column/201802-waterhouse
「若い裸婦像を英美術館が一時撤去　検閲か議論に」、BBC NEWS JAPAN、二〇一八年二月六日。https://www.bbc.com/japanese/42944154

論を交わせるでしょうか?」と問いかけています。それに対して、いろんな人が意見を付箋《ふせん》に書いて貼っていったわけですが、情報としては、「性的な表象」叩きという面ばかりが拡散していったと思います。この作品のあり方自体がフェイクニュースを活用したポリコレアートであると言えるのではないでしょうか。

千葉　バルテュスの件とか、それから前に会田誠の作品でも批判がありましたが、倒錯的な表現の展示は今後どうしたらいいんでしょう。《ヒュラスとニンフたち》の件は、イコノクラスム的な異議申し立てに対するメタなパフォーマンスだったわけですね。

柴田　最近では、『幸色のワンルーム』という漫画がドラマ化されることになって大炎上しました(49)。この漫画は、物語導入部分で誘拐された女子中学生と、誘拐犯の若い男性の恋愛がほのめかされました。物語が進むと、この二人の関係性は、単純な恋愛関係でも、誘拐された少女と誘拐犯という関係でもなかったことが明らかになりますが、女子中学生の誘拐監禁事件があった直後に漫画がネットで話題になったことで、被害にあった少女へのセカンドレイプであると非難されました。

　好きな女を誘拐して恋愛関係になるという話自体古典的なものだし、その漫画自体、私が読むかぎりでは被害者に対するセカンドレイプにはなっていないと思うけれど、批判する人は内容を読むことなく「これは事件被害者へのセカンドレイプだ」と主張し、放送中止を呼びかけました。

千葉　誘拐された経験のある女性が、そういう虚構の物語を見ることによってさらに傷つく可能性がある、と。

二村　批判する側は、その漫画は事件をモデルにして描いたと主張しているんですか。

柴田　はい。ですが作者も実在の事件との関連を否定していますし、私が読むかぎりでも誘拐一般の話です。

千葉　そうすると、その物語形式自体が気に入らないから、放送禁止を訴えているわけですか。

柴田　そうですね。しかも現実でも誘拐監禁事件が起こったのだから、なおさら放送するべきじゃないというロジックです。だけど、そんなことを言ったら、人を殺すような漫画やドラマは発表できなくなってしまいますよ。

（49）『「幸色のワンルーム」が連載・書籍化・ドラマ化する悲しみや怒りや苦しみはどこへもっていけばいいのだろう。』、together、二〇一八年三月二二日。https://togetter.com/li/1211066
「幸色のワンルームの実写ドラマ化の発表で再び騒ぐ勢力。」、together、二〇一八年三月二二日。https://togetter.com/li/1211121

変身する勇気がないと、傷つきから回復できない

二村　いままでの発言の繰り返しになってしまうけど、「傷つく」ことを理由に偶像を目につく場所から撤去させようとする人たちは、本当に傷ついているんだと僕は思うんですよ。それと、傷ついている人をバカにするような論調で批判する逆サイドの人たちも、あれも内心は相当傷ついているから、あんな言い方になるんだと思うんです。そして傷ついている両サイドの人たちに「ずっと怒っていても相手はあなたの言うことを聞かないですよ」と言うと、さらに怒られる。

千葉　そういう人たちは、自分の傷つきがどういうことなのかを吟味できない状態になっているんじゃないでしょうか。吟味できない状態になっていることを、「本当に」傷ついていると捉えるのかどうかは大きな問題だと思うんです。僕は、その人たちが「本当に」傷ついているのだと言い切るよりは、判断不能になっているというふうに距離を取ったほうがよいと思います。

二村　おっしゃるとおりだと思いますが、どんな言葉を使ってそのことを伝えようとしても、怒られるんですよ。

千葉　怒るでしょうね。「自分のことは自分にしかわからない」と思っているから。

二村　人間は自分が信じている物語を生きているので、いま「苦しい」と感じている人は、その物語を書き換えることによってしか幸せになれない。

怒り狂っている人たちというのは、かつては怒ることすらできないくらい抑圧されていた人なんだと思う。それがある日「受けている扱いについて自分は怒ってもいいんだ。自分には怒る自由があるんだ」と気づいて、自分の物語を書き換えた。だから怒れるようになれたこと自体はいいことなんです。問題は、怒りという感情に中毒性があるということです。

宮台さんとの対談（『どうすれば愛しあえるの』）で、主知主義と主意主義の違いを教えてもらいました。主知主義とは、社会が良くなれば人は幸せになるという考えかた。ネトウヨもリベラルも、多くは主知主義者なんですね。世の中が悪いから自分は不幸である。だから敵を設定して、そいつらをやっつけて世の中を変えれば自分も幸せになれると思っている。

主意主義は、社会が良いか悪いかと、個人の内面の幸不幸（宮台さんに言わせると、特に愛情や性に関する充実度や苦しみ）は比例しないと考えます。たしかに世の中に正すべき悪は沢山ある。みんなが楽しく生きられるために世の中のシステムは良くなったほうがいい。けれど世の中が良くなれば人は必ず幸せになれるのかといえば、そうではない。自分自身が内発的に変わらなければ、世の中がどうあろうが本人は幸せにはなれないわけです。
いくら社会から男女差別がなくなっても、傷つきやすい人が性愛的に救われるわけではない。性愛的に救われるためには、自分で物語を書き換えないといけない。
千葉 厄介なのは、傷つきたくないはずなのに、傷ついている状態をまるでアイデンティティであるかのように思ってしまっている状態です。だから、その傷が回復してしまったら、自分じゃなくなるということになってしまう。
僕は『勉強の哲学』で、変身しなければ勉強することにならないと言っていますが、みんな変身したくないわけですよ。だから勉強したくないのと一緒で、自分は傷が癒《い》えてしまったら、いまの自分の怒りというもの、そして、その怒りに基づいて社会と対峙《たいじ》していることの不幸な英雄性とでも言うべきものが失われることへの抵抗感があると思うんですね。
二村 頑迷なリベラルもネトウヨも、憎しみで敵をののしり続けるミソジニストもラディカル・フェミニストも、しがみついてるんです。『勉強の哲学』で書かれたように、周囲とノリが合わなくなる（キモくなる）勇気を持たないと、勉強はできない。それと同じように、変身する勇気がないと、傷つきから回復することもできない。
千葉 『勉強の哲学』は、二村さんの『すべてはモテるためである』から示唆を受けているんです。二村さんの本は、他者との関係の中で変身しなければ、愛し愛されることはできないという話ですよね。

二村　でも、やはり、それをどのように語るかが難しい。「あなたは傷が深いから、変わりたくないんだよね」と言うと侮辱になってしまう。

千葉　それは、傷に基づくアイデンティティを認めているわけだから、侮辱というより、尊重だとも言えると思いますけどね。むしろ、「あなたは自分の傷がよくわからなくなっていますね？」と問うのが、残酷な言葉なんでしょう。そう言ったら激怒するのかな。

柴田　当然激怒もされますが、「話を逸《そ》らすな」と返されますよ。私はまさに千葉さんのいうような言い方をしてきて、そのたびに「お前は話をすり替えている」と言われ続けてますから。きっと、本人にとってクリティカルだからこそ、話がすり替わったことにしたいんです。そうすれば、傷ついたままでいられるから。一種の防衛戦略なんでしょうね。

二村　おそらく、そういうことは世界中で起きている。被害者に感情移入しすぎる正義の人も、被害者意識があるからこそ強がって差別する側につく人も、自分の感情を根拠にひたすら相手を攻撃する。でも、自分自身が変身することは考えない。

千葉　フランスの思想家ミシェル・フーコーは、晩年に、古代ギリシャやローマの人たちが、自己をどのように統御していたのか、ということを主題にした講義を行っています[50]。そのなかでフーコーは、古代的な哲学の捉え方と、近代的な哲学の捉え方とを分けています。

古代の哲学では、魂を変えないと真理に到達できないという発想だったんですよ。だから、自己陶冶《とうや》と認識の変化というのは必ず一体でした。ところが、近代になって自然科学が発達していくことで、自分自身の問題と認識の問題が分けられてしまう。そうすると、自分は変わらなくても、頭を使えば真理に到達できるという話になる。デカルトから先はそうなるわけです。それがまさに主知主義というもので、現代はますますそれが強くなっている。むろん、自分を変えようという自己啓発本も山ほどあるけれど、そういうものはあまりに表面的で、深いレベルの主体のあり方には届かないんですね。

柴田　自分が変わらないで、世界だけ革命できるというのは、ダメな革命家の発想ですよね。本当に革命するのであれば、自分まで革命されるわけだから。

千葉　そう。自分だけ別枠になっている。自分で自分は傷ついていると思っているのだから傷ついているのだ、ということは動かない。そして自分の傷に基づく権利主張によって、公共性を組織していく方向に社会が大きく向かっている。だから、そこにツッコミを入れると、反公共的な態度だということになり、いろいろな意味で制裁を受ける方向に向かっている気がしますね。

性自認が本当の性か？

柴田　いまのLGBTQだとかジェンダーポリティクスの領域では、自分の性自認こそ本当の性だと認めていく方向になっていますよね。

二〇〇五年には、ハーバード大学の学長が、会議の際、自身の専門である経済学の研究に基づいた見知から、科学や工学分野でキャリアを積んでいる女性が少ないことの理由の一つとして生得的要因を挙げ、「女性差別」だと辞任に追い込まれました[51]。昨年は、フェミニストであるチママンダ・ンゴズィ・アディーチェがテレビインタビューで「ジェンダーとは解剖学でなく経験に基づくもの。社会が男性に与える特権を経験してから女性になった人と、生まれた時から女性だった人は違う」と発言し、「トランスジェンダーは本当の女性ではないと言った」と大炎上しました[52]。「男／女」「ヘテロ／ホモ」「シス／トランス」などの差異を語ることや、行動遺伝学や進化心理学

(50) ミシェル・フーコー『主体の解釈学――コレージュ・ド・フランス講義1981―1982年度』ミシェル・フーコー講義集成第一一巻、廣瀬浩司・原和之訳、筑摩書房、二〇〇四年。
(51) Lawrence H. Summers, "Remarks at NBER Conference on Diversifying the Science & Engineering Workforce," January 14, 2005. https://web.archive.org/web/20080130023006/http://www.president.harvard.edu/speeches/2005/nber.html

などの学問そのものが「差別」とされる風潮など、単純な言葉狩りが強まっています。

　自認の性と肉体の性が違うことのひとつの原因として、脳に問題があるということも言われているし、統合失調症などの疾患の場合もある。でも、現在はそれを言うこと自体を禁じていく方向になっているように思うんです。「クィア・セオリー」の名付け親であるテレサ・ド・ローレティスは、当時のアメリカでは「ゲイとレズビアン」という表現が使われ、ゲイとレズビアンのセクシュアリティに差異がないかのように一般化されていたことを問題視し、それぞれの差異について語ること、複数のアイデンティティとは何であるかを考え、自分を他者とは異なった者として発話するためにつくったクィア・セオリーという言葉が、数年で当初の意図とは全く異なる、何でもさす言葉に変化してしまったと述べています[53]。差異を語るための言葉がアイデンティティをあいまいにする言葉になってしまうという状況は、示唆的です。

千葉　精神疾患のいくつかのパターンで、性転換幻想を持つというのはありますからね。だけど、そのことと、アイデンティティの主張は分けることになっていて、そこはつっこめない。暗黙裏に、そこをつっこんだらダメだということになっている。

　たとえば同性愛といっても、その程度や質にはいろいろなものがある。ある種の精神病的状態が、同性愛的な欲望を部分的に呈するというケースもある。そういうことの種別をいろいろ言い始めると問題がすごく複雑になるから、言わないようにしようということになっていますよね。たとえば同性愛というのが、ざっくり大きくあるという話だけにしておいて、その細かい違いはつかないようにしているわけです。

二村　社会では雑なカテゴリーのなかで扱うと決めて、本当に肝心な個人個人の問題は蓋《ふた》をしているということでしょう。でも変態ＡＶ監督に言わせてもらうと、自分のオチンチンに違和感があって無くしたいトランスの人もいるかと思えば、オチンチン以外はすべて女の姿になりたいけどオチンチンだけは残しておいて女性とセックスしたいという男性もいっぱいいるんですよ。

千葉　その二つだけだって全然違うと思うし、その二つの中に、さらに細分化がありますよね。そして、欲望のあり方によって、どういう社会状態を望むかが違ってくる場合もあるし、大きくみんなマイノリティだからといって、同じ方向を向いているわけじゃない。

(52) Rose Dommu, "Trans Women & the Myth of Male Privilege," *OUT*, March 15, 2017. https://www.out.com/news-opinion/2017/3/15/trans-women-myth-male-privilege
Emily Crockett, "The controversy over Chimamanda Ngozi Adichie and trans women, explained," *Vox*, March 15, 2017. https://www.vox.com/identities/2017/3/15/14910900/chimamanda-ngozi-adichie-transgender-women-comments-apology

(53) テレサ・ド・ローレティス「クイアの起源〜レズビアンとゲイの差異を語ること」、風間孝、キース・ヴィンセント、河口和也編『実践するセクシュアリティ：同性愛／異性愛の政治学』動くゲイとレズビアンの会、一九九八年。

二村　そもそも、女が少女に加害しないなんて、誰が決めたのかという話だしね。まあ、それを言うと、また燃えるんでしょう。

柴田　社会調査では、女性のほうが女性を抑圧する傾向があるという調査結果もあります。二〇〇〇年代初めにおこなわれた、イギリスの「ネットマム」というサイトの調査によれば、イギリスの母親の九割が、よくないことだと知りつつも、娘よりも息子を優遇してしまうと言っているんですね。同じようなワガママを言っても、女の子供に対しては、それが生意気だとか、反抗的な態度だと解釈するというのは、内なるミソジニーを持っている女性が多いからじゃないでしょうか。

二村　娘への憎しみという要素もあると思うけど、男はヤンチャなほうが男らしいということでワガママ息子が許されるという側面もあるんじゃないかな。でも、それは社会的な圧力で是正するべきことなんですかね。

千葉　どういう方向であっても、社会全体での子育て改良プログラムみたいなものはおぞましいと思います。「男は男らしく、女は女らしく」という保守的な方向に統制するのもおかしいし、「男らしさ、女らしさというものを強制しないように」と強制するのもおかしい。そこはもう、たまたまその家庭に育ったことで何らかの主体化が強いられてしまうという、その偶然性を引き受けるしかないですよ。そうじゃないと人は主体化できないですよ。というのは、ピエール・ルジャンドル的な考え方なんだけど、ルジャンドルはまあ一種の保守主義者ですね……(54)。

二村　僕の言葉で言うと、すべての親は何らかの形で狂っているのだから、そこに生まれたことを引き受けていくしかない。

千葉　そうでないと、自分が特別な一人の人間だという思いを持てないと思いますよ。大量生産品になっちゃうわけだから。

　飛躍した言い方をすると、傷ついた人というのはアイデンティティが強烈過ぎるということですよ。傷つきのないアイデンティティなどないわけで、傷というのは主体化に必要なことなわけです。だからこそ、傷と向き合いたがらない。自分の存在の根幹ですからね。当事者たちは、自分のアイデンティティを分析したくないんですよ。だから、望んで社会の側に蓋をしてもらっている面がある。

二村　被害者意識が強い人というのは、自分の根っこみたいなものを自分では知りたくないということですか。まあ、自分の正体は知りたくないよね（笑）。

千葉　僕は知りたいですけどね。でも、知りたくない人が多いんじゃないですか。

柴田　私は、みんなが知らなくて済むようにしようとしている結果、さきほど言った

(54) ピエール・ルジャンドル（聞き手：フィリップ・プティ）『ルジャンドルとの対話』森元庸介訳、みすず書房、二〇一〇年。

ような性表象叩きが起こると思うんですよ。「ない」ということになっているものの存在がほのめかされるから。

二村 だから、千葉さんの仕事が大事なんですよ。千葉さんは、マジョリティが知りたくないことを、知りたいという変態なんです。そのときに、どうやって知りたくないことと向き合わせるか。いきなり高圧的に「おまえら、知れ！」と言うんじゃなくて、『勉強の哲学』のように「でも、それを知らないと幸せになれないよ」ということを、戦略的に説得していくのが、哲学者や物書きの仕事だったりするんじゃないだろうか。

千葉 ソクラテスですね。「自分でこのことを知っていると思っているけど、本当に知っているだろうか」という分析です。しかしそれを通して、自分がわからなくなってしまうのではなく、分析がもうそれ以上ほとんど無理な、何か自分にとって根本的な欲望のあり方が見えてくると思うんですよ。

「私は不幸です」と簡単に言えるようになった

二村 傷つきに関して、別の例を出します。痴漢対策として女性専用車両ができた。ところが「それは自分たち男への差別だ」と言い出して、女性専用車両に乗り込む男たちが現れた。僕は、女性専用車両に無理やり乗り込む男は狂っていると思う。ただ、被害者意識が噴出しているという点で「男性向けのポルノ的な表現は女性差別だから、私たちの目につく場所から完全に消滅させろ」と怒っている女性たちと変わらないんじゃないか。それで両者は「同じ病だ」と言ったら、一部のフェミニストたちから怒られました。

柴田　それは要するに、男が「女、死ね」と言うのはミソジニーだしダメだけど、女が「男、死ね」と言うのはミサンドリーではあるかもしれないが、「男から抑圧されている女たちの抵抗の言葉として正当化される」と言っているようなものですよね。

千葉　そこには非対称性があるという話ですよね。

二村　世の中には女性が現実的に不利益をこうむる非対称性がまだまだあって、それは是正されるべきです。ある大手出版社の女性から、今般の #MeToo 運動によって、社内のセクハラは減っていると聞きました。厳密に取り締まるならば、その出版社の取締役は全員クビになってもおかしくないようなことをいままでやってきた。それで「今後セクハラは絶対なきように」という文書が社員に配られたんだそうです。

柴田　それはまあ良いことなのかもしれませんが、現段階では、会社の重役は男性が圧倒的に多いですよね。そのときに「セクハラは絶対禁止」とお触れを出すと、もう女子社員は飲み会に来るなということが起こり得ます。理念としては正しいことでも、適切に運用されるとは限りません。ある女性プロデューサーが言っていたことですが、昔はセクハラもあったけれども、飲みニケーションの場で自分を売り込むことによって女にも出世するチャンスがあった。プロジェクトをゼロから立ち上げるアイデアを出し合う場に参加することができた。でもいまはセクハラの懸念があるから、女子社員は最初から来るなと言われることもある。それによって損をしている女性社員もいるのだと。

千葉　また怒られそうなことを言うねえ（笑）。

二村　さらに厄介な問題もあって、その出版社では社内では目に見えてセクハラが減ったんだけど、出入りの女性ライターに対しては、男性編集者がパワハラ・セクハラを相変わらずやっていると。

柴田　それはすごくわかります。暴力やハラスメントがより弱い立場に向かうことは多いですから。でも、いまの #MeToo みたいなものは、セクハラの解釈自体が過大になっていくんですよね。

千葉　僕は昔から拡大解釈に警戒してきました。法的なものというのは、根本的に考えると、その適用範囲が不確定なので、このケースも当てはまるのでは、という拡大解釈を止めることが原理的にできません。これが正しい適用例、これは不当な適用例、という区別は、究極的には、権力で押しつけるしかないことなんです。これは規則のパラドックスという哲学上の問題に関わっています。[55] セクハラの拡大解釈などと言っているると、本当に対処すべきセクハラの存在がぼやけてしまうからよくない、と言っている人がいたけれども、ここ数年を見ていると、結局は拡大解釈のほうに向かっているると思いますね。原理的に必然の帰結であると言えるでしょうね。

柴田　私がそういうことを言うと、男性擁護だと言われてしまいます。

千葉　とにかく、「私がそう解釈するんだからそうなんだ」というわけでしょう。

柴田　はい。性自認と同じで、「私がセクハラを受けたと認識したら、これはセクハラなのだ」ということになってしまう。でも、実際にセクハラ監査室みたいな部署で働いている人に言わせると、相談が来るなかで圧倒的に多いのは、恋人関係がこじれて別れて、どちらかが復縁してくれと言ったことに対して、「上司からセクハラを受けました」と言うパターンだそうです。もちろん復縁をせまる方法によっては、迷惑行為やストーカー行為として対処されるべきものもありますよ。だけど、復縁をせまることそのものをセクハラと同義とするようにセクハラ概念を拡大すると、フランスのカトリーヌ・ドヌーヴが言ったように、[56] 男が女を口説く権利や女が男を口説く権利

(55) 規則の問題については、青山拓央『分析哲学講義』ちくま新書、二〇一二年。
(56)「女優ドヌーブ氏など仏女性100人、男性が女性を誘うのは「犯罪ではない」」、BBC NEWS JAPAN、二〇一八年一月一〇日。https://www.bbc.com/japanese/42631653

というものすら、すべて廃止する方向になってしまうと思います。

千葉　「自認」という概念は厄介ですよね。リベラルな社会における自認とはどういうことかという問題は深く考える必要があるでしょう。ところで、会社や大学の場合は、セクハラを受けたという訴えを、そのまま通すということはしないですね。内部的に調査するというプロセスを踏む。そこはネットとは違う。

二村　少し話がズレてしまうけれど、どの業界でも女性の新入社員は本当に優秀だって聞くけどAV業界もそうなんです。「私はエロでやりたいことがあるんです」と志高く入ってきて、ところが三年ぐらいで辞めていく人が多い。男は、そんなに立派な志はないんだけど、長持ちはする。

柴田　なぜ女性は三年ぐらいで辞めるんですか。

二村　挫折《ざせつ》していくんだよね。社内のパワハラ体質に耐えられなくて。だから、使う側が非常にもったいないことをしている。

千葉　映像の業界ってそういう傾向があるみたいで、僕の友達も蹴《け》られたりしていました。男性ですけど。

二村　我々の世界は世間へのアピールも含めて、有名な会社ほど、売れる女性AV監督が欲しいんです。それで女性でエロを表現したいと言っているデキのよい子に対しては、ついプレッシャーをかけてしまう。それにも耐えられなくて辞めていく。

柴田　それに関しては、自分が弱いんじゃないですか。いま、日本女性の主観的な幸福度って昔よりも下がっているんです。この三〇年で女性は飛躍的に社会進出したのに、なぜ下がっているかというと、いろいろな生き方が選べるようになったからだとも言われています。また、昔に比べて社会的な抑圧が軽くなったから、「私は不幸です」と言えるようになった。

昔は、冷蔵庫を買ったら幸せだとか、二十四歳までに結婚できたからよかったと、定型的な幸せがあったけれど、いろいろ選べるようになると、選べなかったものに対して嘆くようになる。

でも、それは仕方がないと思うんですよね。「女性は不幸になっている」と言って社会を糾弾するフェミニストもいますが、自殺率の男女比は昔から現代まで変わらず男性の方が多いですし、幸せかどうかって、そんなに簡単にわかるものなのか。自分がムカつく相手に「あんたって不幸でしょ？」と言われたら、「いや、私は幸せですけど」と言うだろうし、大袈裟《おおげさ》に話を盛って、すごく不幸な目に遭ったみたいな話で楽しくコミュニケーションすることもある。要するに主観的なものじゃないですか。私は、主観的な幸せをグラフ化して問うこと自体が変だと思うんですよ。

「強くなれ」と言えない時代

千葉　いまはなかなか「強くなれ」と言えないですよね。「強くなれ」と言うと、社会の不正義ゆえに傷ついていることを無視することになってしまう。あるいは、とにかく自分一人だけ強くなってサバイバルできさえすればよいという、ネオリベ的な主張だと受け取られてしまう。

二村　強くなることを、無神経になることのように解釈する人もいるけど、そうじゃないと思うんだよね。だけどいまは、強い人が強さを誇っていると嫌われる。

千葉　かつてのホリエモンみたいなイケイケドンドンの経営者とかが、ただ利益を効率的に最大化するための強さを誇るからですよ。でも、そういうのじゃない、繊細さがあるような強さってあると思うんですよね。

二村　信者がいるような自称・強い人って、社会的に成功したサイコパスでしょう。でも、強くなるというのは無理してそういう人の真似をすることではないですよ。

　橋本治は、外れクジを引いてしまった人間が、外れた部分を挽回《ばんかい》することこそが人生なのだと書いています[57]。これは「貧乏人に生まれても一発逆転を狙え」みたいな単純な話ではありません。金持ちに生まれたけれども人には理解してもらえないかたちで虐待されて育つことも、男に生まれても性的なことで傷ついて育つ人も少なくない。挽回するとは、なかったことにするとか見返してやるとか敵認定した相手を憎み続けることではなくて、傷を自分の傷として引き受けて、傷の意味を考えることだと思います。でも、だとするとやっぱり、まだ傷から血が流れ出ているうちは難しい。時間がかかる。

柴田　世間的な当たりクジが本当に当たりクジかというと、それも違うと思うんですね。途中まで当たっていても、急に外れたり、周りがみんなハズレだと思っていたものが実は大当たりだったりするじゃないですか。親が経済的に豊かでも、爆弾魔になっちゃったユナボマーみたいな人間もいるし。

二村　すごく雑な「当たり」しか見ていませんよね。それと自分を比べて「自分はガチャで外れた、どうしてくれるんだ」と思っている。

柴田　自分に対する解像度が低過ぎるんですよ。ホリエモンに対していちいち怒るのは、自分の解像度が低いことをさらしているようなものですよ。怒る人って、羞恥心《しゅうちしん》がないんですか。私は恥ずかしくて、ホリエモンのような人に対して怒れないんですけど。

(57) 橋本治『青空人生相談所』ちくま文庫、一九八七年。

二村　それは、自分の振る舞いがぶざまじゃないかどうかを考えるということだよね。インターネット上で敵を憎むために怒っている人は、自分をぶざまだとは思っていないんですよ。心の底では薄々わかっているのかもしれないけど、それを見ないようにするために怒りをぶちまけるわけだから。

柴田　なるほど。でもそれを革命思想と結びつけるのは、愚かですよね。

二村　それは革命にはならないよね。

千葉　そこは、僕は悩むところがあって、たとえば、外れクジを引いたという被害妄想にかられて、最もダメな掲示板とかに巣くっているような人たちこそが、究極の革命主体なんじゃないのかという気も一方でするんですよね。でも、そんな人たちが革命しても、とも思うし……。

柴田　その集団が発展していけばいいと思うんですよ。煉獄《れんごく》の中からの革命だったら可能性はあると思いますけど、そうじゃなくて、ただの傷の舐《な》め合いで外部を攻撃しているだけだから。

千葉　強くなるというのは、まあ、いろんなことに耐えられるということで、さっきの話と矛盾するかもしれないけど、ホリエモンみたいになるということなんですかねえ。

二村　無神経さって、どうやって養えるんだろう？

千葉　難しい。ただ、「無神経さ」と言うと、あらゆる物事に対して雑に対処するようにも聞こえてしまうんですが、僕が言いたいのはそれとも違うんですよね。

柴田　そこに享楽があると思うんですよ。無神経にできる人は、それを楽しんでいると思うんですよね。

二村　僕は、自分がものすごく無神経な人間だという自覚があるし、人にもそう言われるけど、その一方で、その無神経さに対して罪悪感もあるんだよね。

千葉　何をおっしゃる（笑）。二村さんは全然無神経じゃないでしょう。

二村　ディレクターという職業は映画監督だろうがAV監督だろうが、おそらく、無神経でないと務まらない部分もあるんです。

千葉　二村さんが、自分は無神経だと言ったり、無神経でないと務まらないと言っているときの「無神経さ」は、ベンチャー経営者なんかの無神経さとは全然レベルが違いますよね。遥《はる》かに繊細ですよ。

二村　無神経さというか、単純に面白いものや不謹慎なものが好き、人を傷つけることが好きという自分と、そのことに対する罪悪感や「嫌われたくなさ」とに引き裂かれているところがある。その引き裂かれの中で仕事をしているから面白いんですが。

千葉　その引き裂かれに対する反省作用があるというだけで、普通、それは「無神経」とは言わないですよ。無神経な人は反省しないから。そうすると、「無神経さ」

と言っちゃうと違うのかな。やはり、耐えられるということですよね。

柴田　あとは、削っていくことにも近い。作品を制作するときは、たとえば木炭デッサンなら、自分が三時間かけて一所懸命描いた愛着がある細部であっても、描き過ぎて立体感や空間感が破綻《はたん》してしまったときには、布でザッと消さないと、自然に見えているような絵にならないんですよ。そういう、自分に対するシビアさですよね。自分が大事だと思い込んでいるものを潔く捨てること。それは見方を変えたら、一種の無神経さとも言えますから。

同性愛とペドフィリア

柴田　話題を変えてもいいですか。前回、千葉さんが話したことですが、ここ最近、同性婚の問題が象徴的なように、クィア理論の保守化が起きているわけですよね。つまり、マイノリティも異性愛者と同じように結婚できることが大事な社会包摂だと考えられている。それは結局、マイノリティをマジョリティの規範に従わせることでしょう。

他方でペドフィリアは、完全にそういう包摂の文脈から切り離されている。なにか構造としては、ペドフィリアのようなマイノリティの中のマイノリティをさらにパージすることによって、同性愛者が階級的に格上げされるような形になっていると思うんですよね。

千葉　ペドフィリアは、「マイノリティ」と呼ぶだけでアウト扱いされますからね。でも、そんなことは、歴史を見ていたら全く自明じゃないわけで、若年者との性関係は歴史的にもさまざまな形態があったわけだからね。

柴田　ゲイの知人がツイッターで、ペドフィリアは、犯してはいけない罪にして、もうフィクションのなかだけの性愛としてほしいとつぶやいていたんです。妄想するだけの状態にすれば許容されるし、LGBTと一緒にするのは戦略として正しくないと。その戦略としての手堅さは理解できますが、でも、これってLGBT側の都合だろうと思ったんですよ。

千葉　煙たいものは切り離したいという話でしょう。でもたとえば、古代ギリシャに遡《さかのぼ》れば、同性愛とペドフィリアの問題は切り離せない。あるいは、稲垣足穂《いながきたるほ》を読めよと。

二村　でもそれは、僕が思ったことと似てます。そんなに若い女の子には自己決定能力がないと言うのなら、もうAV女優は全員三〇歳以上でいいじゃんと僕も思ったんだけど。

千葉　ハハハハ、大人の世界ですね。

二村　三〇過ぎてても女子高生を演じて不自然じゃない女優はけっこういますから。だから、すべてフィクションでいい。「三〇歳以下はAV女優になれない」と法律で決めてくれれば、従いますから。これは批判されたくない、捕まりたくないポルノ業者の都合です。

柴田　でも、それは非常に危うくて、フェミニストのなかには、セックスにライセンスを設けるべきだと本気で考えている人がいるんですよ。要するに、性教育を勉強して、「これであなたもセックスしていいですよ」というような免許証を渡すことで、正しいセックスだけが行われるようにする。そうすれば、ガシガシした手マンとか男はやらなくなるだろうと。

二村　それでいいんじゃないですかね。ノンケもLGBTQも男も女も等しく、センスがあって運のいい人だけがセックスするようになれば事故が減るでしょう。セックスなんて面倒くさいことはエリートの遊びであって、もう一般には禁じたほうが、かえってみんな幸せになるんじゃないのって思うときがありますよ。で、そうやって人類は滅びていくわけです。

千葉　いまのはアイロニーですよね。

二村　アイロニーっちゃアイロニーですけど、半分本気ですよ。そもそも、みんな、そんなにセックスしたいのかな。だってセックスって、どうやったって傷つくでしょう。女も男もLGBTQも。

千葉　でも、精神分析的に言えば、セックスで傷つくような傷つきの許容がなければ、人間というものの意味が変わっちゃいますよ。無意識がなくなってしまうから。

人類というのは、否定性と肯定性を弁証法的にミックスして生きてきたものであって、その否定性の部分をライセンスによって完全に除外するようなことをやったら、古い意味での人間ではなくなる。だから、僕は、セックスライセンスなんて断固反対です。何をしたらセックスなのかわからないままやるから面白い、というか、これはたんに面白さの問題ではなくて、人間の条件に関わる問題だと思います。

二村　それは、そうなんですけど……。

柴田　一方で、セックスしない自由だってあるんですよ。そんなセックスの免許証を発行することになったら、「いや、免許なんか取りたくないよ」という人の権利が縮小されていくと思います。「セックスをしたくない」という意志と選択が、免許の存在によって、免許が取れない、「セックスできない」落ちこぼれ扱いになります。

千葉　それはそうですね。免許証が存在し始めることで、免許があることと、免許がないことの二項対立が生じるから、「セックスをしない」という選択肢が「免許がない」こととくっついちゃうんですよね。そうなれば、セックスをしないという選択肢の浮遊性みたいなものが失われてしまう。

ゾーニングの本質

二村　免許というのは要するに資格とゾーニングの問題ですけど、お二人の言うことは、たしかにそうですね。セックスのセンスがある人は、中には生まれつきの天才もいるだろうけど、そうなるまでに人を傷つけ傷つけられてきた人がほとんどだろうし。モテるモテないと、セックスで事故を起こす起こさないは全然関係ないしね。他人が判定する、ゼロか百かの制度でどうにかなる問題ではない。

千葉　ゾーニングという話をやや抽象化して言うと、性的ではない空間と、性的な空間との区別ということですよね。そのことから、異性愛と同性愛の根本的な問題を考えられるんじゃないか。

なぜ、異性愛者が同性愛者のことを嫌がるのかというと、あるべきでないところに性的な関係が想定されるからでしょう。つまり、ゾーニングを破ってくる。男同士だったら性的な関係が起こらないと安心していられるはずなのに、「あいつが俺のチンポとか考えているかもしれない」ということになると、ちょっとゾワッとさせられる。それは、ゾーニングを破ることだと言えると思うんです。

だから、バイセクシャルはいろいろなコミュニティから嫌われるでしょう。あらゆる空間を性的空間に変容させてしまう媒質になるからです。

柴田　他方で、狭義のAセクのように、恋愛もセックスも誰ともしたくない人間も、セックスを拒否することによって嫌われる。

千葉　それは、あらゆるものを性的に取り扱う人と鏡像的な関係になっているんですよ。

柴田　そうだと思います。普通のセックスに対する過剰と欠損だと思うので、それは同じように逸脱している。

千葉　そう、反対が一致するところがある。すごく奇妙だけど、Aセクってものすごい極端な色情狂のような存在にも思え、色情狂が極端なAセクのようにも思えるという反対の一致がある気がするんですよね。

柴田　Aセクとヤリマン・ヤリチンが仲良くなりやすいのは、それだと思うんですよ。

千葉　そうかもね。それは、空間を二種類に分けることへのアンチなんだよね。ヤリマン・ヤリチンもAセクもそうです。ただ、人は空間を二つに分けたいわけですよ。そのことと、性が二つあるということは、たぶん関係しているんです。だから、同性愛の権利を擁護するときに、ゾーニングのような話が出てくると、何かこう、本性にもとる話をしている気がする。同性愛がそもそも境界侵犯的なものだから。

二村　僕は自分が境界侵犯的な仕事をしていると思っていて、だからこそ世の中の人にはゾーニングを守っていてほしいんですよ。日常というのは昼間の世界のことで、セックスというのは夜の世界でやることだというのを徹底したら、みんなもっとセックスに興味をもって、まじめにするようになるんじゃないかと思うんだけど。

柴田　いや、そこって、すごく交じり合っていると思うんですよ。

千葉　そこが交じり合わなかったら、人は出会えないでしょう。

二村　そうか……。

千葉　性的なほのめかしがなかったら、性愛は始まりようがないですからね。

エロティック・キャピタルをどう考えるか

柴田　社会学のなかに感情社会学という分野がありますよね。フライトアテンダントがお客さんにニッコリ笑ったりするのも、看護師が患者に優しさを示したりするのも、感情を用いた労働でしょうと。だから笑顔は〇円ではないし、そのコストに見合った賃金が支払われるべきだという主張です。

一方、社会学者のキャサリン・ハキムが『エロティック・キャピタル』(58)という議論を展開しています。笑顔のような感情労働も対価が払われるべき労働だけれども、髪の毛をセットしたり、ダイエットしたり、筋トレをするのも、人によい印象を与えるための労働なのだから、それをもっと高く評価していこうという主張です。でも、このエロティック・キャピタルに対しては批判も多いんです。

二村　なぜ批判を受けたんですか？　簡単に言うと〝エロティック・キャピタルを持たざる人〟が怒ったの？

柴田　まあ、遠からずそうでしょうね。

二村　性的魅力が社会的なパワーの一つであることを認めたくないということか。

千葉　そもそもそういうものを認めるべきじゃないと。

柴田　確かに、ハキムの論考を読んだ限り、問題点もあるんですよ。エロティック・キャピタルは異性愛のパワーが圧倒的に強くて、次に強いのはゲイの世界。レズビアンは一番それが少ないとか。調査したのが一九九四年なので、時代的なバイアスもかかっている。

二村　ノンケの男も、女性から見て性的に魅力的な男のことが、意外と好きなんですよ。

柴田　ハキムによると、社会的に高い地位にいる男性というのは、美しいことでよりプラスになるけれども、社会的に高い地位にいる女性が美しいと、マイナスになるそ

(58) キャサリン・ハキム『エロティック・キャピタル――すべてが手に入る自分磨き』田口未和訳、共同通信社、二〇一二年。

うです。

二村　下駄《げた》を履いて、出世したんだろうと思われるからでしょうね。

柴田　出世する前でも、「お前、どうせ結婚して仕事なんかやめるんだろう」と思われる。そういう不均衡をなくすべきだから、女性のエロティック・キャピタルを社会的にもっと評価しましょうというのがハキムの意見です。

　これは私が思うだけですけど、社会的に高い地位にいる男性が女性的に美しい場合、両性的な魅力があることになりますが、高い地位にいる女性がより女性的に美しいとなると、女性性が過剰になって、その過剰さが「無責任さ」というステレオタイプな女性への偏見に結びつき評価が低くなるという現状があるんじゃないでしょうか。

千葉　なるほど。

柴田　そこを是正しようとしたのがハキムですが、ハキムに対してルッキズムであるとか、女性が身体に疎外されることを強化する、といった批判も根強くあります。

千葉　外見的な魅力というのは明らかに資本なんだけど、認めちゃいけないことになっているんですね。特にインテリは、そういう資本が客観的にあるとは、言っちゃいけないいんですよ。

二村　それを言っちゃったからハキムさんは叩かれたということでしょう。

千葉　そうそう。インテリの世界のドレスコード違反ですよね。

二村　昔は、支配者の男性も美しく飾っていましたよね。それは民主主義じゃなくて、権力者のさらに上に神様がいたからかもしれない。神は美しいものが好きだから。

柴田　美しいものがパワーだったんですね。だから、男性もフリフリの洋服を着たし、武器にも宝石をつけていた。

ハキムは、美しさは多様化するべきだとも言っているんですよ。フランスでは、ブスのかわいげのある仕草を美として評価する。そういうように、美の評価を多様化しようとも言っているんですよね。

同時にハキムは、知性も容姿も、がんばれば磨けるものでもある。生まれつきの資質に優劣はあるけれど、それ以上にアップデートすることができるのだから、美の編集性を肯定して拡張し、がんばって変身しようよと言っているんですよ。だけどハキムは、同じような領域にいる社会学者たちに強く批判された。

二村　自分の努力と智恵で美という強さを獲得しようと言っているわけだよね。

デフォルト状態の偏り

千葉　ただ、ルックスを変えられるかどうかって、遺伝性の障害とか、優生学といったことに絡む厄介な問題ですよね。広い意味でのレイシズム批判として、容姿のありようが評価基準になるべきではないという主張は、ますます強まると思いますね。

柴田　でも、本当は学力だって、その他あらゆる能力だって、生まれつきの要素がすごく大きいと思いますよ。一所懸命勉強したって東大に入れない人はいる。

千葉　筋力もそうなんです。僕は最近ボディビルに興味を持っていろいろ見ていますが、おそろしく筋肉が発達する人がいるんですよ。あれはもう遺伝的素質だと思います。だけど筋トレ好きの人は、努力すれば変わるとか、典型的なネオリベ的自己責任論みたいなことを言いがちなんですよね。

現代思想でも、いま我々をどうしようもなく規定している物質的な条件みたいなものが問題になっています。たとえば地球規模で言えば気候変動がそうだし、個々の人間では生まれた場所は、どうしようもない条件ですよね。あるいは、ステロイドでテストステロンをガンガン上げると人間は攻撃的になるとか、そういうことがある。だけど、とくに文系の学者はそういう観点からものごとの分析をしないようにしている。そう一方で、世の中、本当は遺伝で動いているんだと言うのも下品だと思うんですよ。そうではなくて、デフォルト状態の偏りというものを、リベラルの問題意識にどうやって組み込むかというのが大事なんじゃないか。

柴田　デフォルトの多様性ということですね。

二村　性的魅力もたしかに、持って生まれた資質的な要素はありますよ。だからそれが昼の世界の評価につながることを嫌がるし、持たない人間が持っている人間をひがむ。

柴田　ですが、それは組み換えができると思うんですよ。欠点と欠点が合わさって妙な魅力が生まれることもあるわけだし。

二村　そういうことはめちゃめちゃあるよ。AV女優としての人気や収入なんて、まさにそういう世界です。一般でもありえる話だと思う。

柴田　とすると、実は組み換え可能なのに、生まれつきだからしょうがないと留《とど》まり続けるのも、何かちょっと違う気がするんですよね。それは変身の拒否じゃないですか。

千葉　生まれつきの性質があるとしても、それが人生のなかでどういう効果を発揮するかは未規定ですよね。ともかく、デフォルト状態の偏りがあると認めるところから出発するのが本当の左派だと思います。

柴田　しかし、それだと左派扱いされなくなってきていますよね。

千葉　生まれつきの性質で人にできることを決めつけてしまったら右派になる。左派的には、人はそもそも平等ではないことを見て、かつ、柴田さんが言うように、人の特性が実際どう機能するかは場合によっていろいろ変わるという可塑性を認め、それで、どう制度的にそれぞれの幸福を高めるか、ですね。

柴田　デフォルトの多様性を多様な観点で受けとめ、適宜多様な形で支援しつつ、是正すべき部分は是正する。難しい問題ですね。

ネガティブな経験による享楽

千葉　そろそろ、これまでの議論を振り返ってみましょうか。
　まず、なんらかの傷つきから批判をしている人には、まさにそのネガティブな経験自体の享楽があるというのは、三人が指摘している重要なポイントだと思います。でも、二村さんが言うように、それを言われると、みんな嫌がる。否定的なものと肯定的なものが合わさっているのが人間の無意識の構造なんだけど、そういう矛盾した心の状態を認めたくないわけですね。

二村　敵を外部につくることで、自分の傷を保護、というより傷つきを継続させようとする。その点は、右も左も変わりませんよね。どちらも、自分は正しくて、敵は間違っていると罵《ののし》り合うだけだから、そりゃ、いつまでたっても対話はできない。

柴田　それが過剰な表象叩きとして表れている例もたくさん出ましたね。

二村　偶像はあってはならないから、偶像破壊が起こる。みんな一神教になっているよね。

千葉　イメージというものに対する敵意が根本的にあるんです。イメージは多様にありうるものですが、有限なものです。おそらく有限性に問題がある。

一神教的な神の理念は無限なものです。神の無限性と、イメージ的な有限性とが対立するという構造があり、その二つが絡み合いながら歴史は展開してきているわけですね。だから、イメージそれ自体が問題になるのであって、ポルノ批判も根本にはそういうイメージへの敵意がある。つまり、物事をイメージとして有限化してしまうこと自体が、一神教的には犯罪的なんですよね。

二村　ポルノが存在してることで、たとえば「女というのはおっぱいが大きいものなのだ」と言われたような気がしちゃって傷つくのは、そういうことですか。

千葉　女性の存在を、特定のイメージという有限なもので規定してしまうからいけないわけです。

二村　でもそれは、あるポルノの中でのエロさであって、べつに、女がみんな淫乱《いんらん》だとか、女体は男によって消費されるべしなんて、誰も一言も言っていないんだよね。だけど、それぞれのポルノが、傷ついてる女性をさらに脅かすわけでしょう。

柴田　それは、自他の境界がなく、「あるポルノの中の女」というテクストに過剰に自己同一化するからではないでしょうか。

千葉　ただの任意のイメージなんだけど、それを普遍化して捉えてしまう人がいる。

というか、普遍化して捉えさせようとしているのだろうと勘ぐられるんですよ。それが、偶像崇拝がいけないということで、神様の像を一つつくったら、「これが本当の姿だと、お前は言いたいのだろう」と思われてしまうわけです。

二村　なるほど。「それは暴力だ」ということだね。

千葉　そういうことです。理念的には神は無限なのに、それを有限化するからダメなんですよ。だから、これは無限と有限の対立であって、イメージというのは、さまざまな有限なものを提示するから暴力とされるんです。

柴田　あとは、つくった人が神より偉くなってしまうから。神の像をつくる人が存在するということは、神を創造してしまうということになる。ある人間が任意で神を創造してしまえたら、神より上位の人間が生まれてしまうので、宗教的にまずいわけです。美術批評がなぜ発達したかというと、美術家は乞食みたいなもので、つくるけれども、偉くならないようにするためです。つまり、批評家が価値を与える。作品の価値を保証する批評家がいて、教会の教義にのっとり、キリスト教的にOKとお墨付きを与えられてはじめて、偶像は存在していいという考えです。

二村　創作物において、何だか訳のわからない気持ち悪いものも、この先はNGになっていくんですかね。

柴田　なりつつあると思いますよ。ニーチェの提示したアポロンとディオニソスとの対比でいえば、ディオニソス的な酩酊《めいてい》や乱交を禁じる方向に、ポリティカル・コレクトネスは向かっていますから。

エンターテインメントのゆくえ

千葉　そういうことを言うと、悲観し過ぎだとか、人間はどんなに規制されても野蛮なことをやるのだと、規制するほうは言いますよね。このあたりは二村さんの問題意識とも重なる論点です。

二村さんは、規制された範囲の中でどこまでのことをやれるかということを最大限考えていらっしゃるわけですが、ディオニソス的なものがどんどん抑圧されていく中で、今後のエンターテインメントはどうなると思いますか。

二村　また映画の話になるんだけど、『シェイプ・オブ・ウォーター』という、半魚人と障害のある女性のロマンスを描いた作品があります。主人公の女性は口がきけなくて、美人じゃないし、言ってみれば労働者で中年の人魚姫です。友人の初老の平凡なゲイ男性も登場して、彼は普通の若者に恋をしてキモがられてフラれます。半魚人は言葉が通じない野生的な被差別民族のイケメンだけど、ヌルッとしていて醜い怪物でもある。「これは弱者のための映画だ」という視点でリベラルな映画好きは褒めるんだけど、その半魚人の生理的なキモさが強調されていることは（監督はそこを楽しんで撮ってるように僕には見えるんだけど）あまり指摘されないんですね。半魚人のグロテスクさに発情するヒロインのエグさ、醜いものに対する〝怖いもの見たさ〟の愛が、ポリコレ的には文句のつけようがない〝優しさ〟として描かれていて、僕はその両義性が面白かった。つまりエンターテインメントとして、正しい人たちも感動させるように作りながら、じつは、ちゃんとキモさが担保されているんです。

同様に『娼年』という日本映画も、女性向けのポルノですから、ポリコレには非常に気を使っていて女性を絶対に傷つけないように作られている。でも、じつは最後まで売買春を肯定する物語なんです。愛あるセックスを振りかざすカマトトの少女は敗北します。お金で買ったセックスによって女性も興奮して、その結果癒《いや》されることもある。あるいは依存症としての嗜好《しこう》のセックスがその人の本質になってしまう、ということも肯定的に描いている。それなのにラストでは、なんか〝いい話〟っぽく終わるんです。

つまり表面的には正しさを確保しておいて、ダークサイドを見たくない人にはよくわからないように毒素を仕込むという二重性のある作り方をしないと、エンターテインメントとしては成立しづらくなっていますね。

柴田　「女性を絶対に傷つけないように作る」というのは、政治的・社会的に正しいポリコレではなくファンサービスと言うべきだと思いますけどね。『娼年』は、「女性を傷つけないようにする」以外の配慮はグダグダでしたから。それはともかく、構造的にはインド映画みたいですね。肌を見せてはいけないから、セックスの暗喩《あんゆ》としてダンスをする。

二村　インド映画を観ることに慣れてないと「なぜ急に踊り出すのか?」とギョッとするけど、発情のメタファーだと考えれば納得する。でもオペラやミュージカル、ダンスのカルチャーって、もともとそういうものでしょう。舞台上でセックスをするわけにはいかない。でも古代の芸能は、選ばれた美男美女が神の前で歌を歌い、セックスを演じ、それを見た大衆が興奮して乱交するような祝祭だったはずです。歌の上手《うま》い人がみんなの前で大声を出すのはセックスの雄叫《おたけ》びを芸術によって再現しているという隠されたコードがあるんだろうなと思ってニヤニヤできる。同じように、これからのエンターテインメントも、ディオニソスの毒を必要としてない人にはそれが含まれてることがバレないようにやるしかないのでは。

柴田　表面的な記号だけで見ることができる作品ですか。

二村　〝正しい映画〟として観ることもできる作りでポリコレのゲートを通過し、実際に映画の中に入っていった観客は悪の成分や不条理を無意識に感じとることができるような。

柴田　でも、いまのリベラルの人たちは、本当に記号的な部分しか見ていない。極端に言えば、黒人が死ぬから黒人差別だというのがポリティカル・コレクトネスになっているんです。そのぐらい表象を単純に解釈して、観察がないんですよね。

観察というのは、表面的には単純に見えるけれども、ここに実は複雑な模様が描かれているとか、細部に没入して見ていくことであり、そうすることで多様な見方が生まれるんです。だけど、それを許さない風潮が、ポリコレ的な偶像破壊につながっていくと思うんですよ。

二村　だから〝正しい〟とされてる作品のなかに、こっちの解釈で〝正しくなさ〟を勝手に発見して喜んでいると怒られるのか。

柴田　二村さんは観察しちゃったんですよ。

千葉　それにしても、正しい解釈があるって、文化論として信じられない退行だよね。

柴田　正しい見方しか許さないというのは、紀元前六五〇年までなんですよ。紀元前六五〇年ぐらいから、人間は物を観察して写実的な彫刻を作ったりする。だから、紀元前六五〇年に戻るぐらいの文化的退行です。ゆえに私は、もうちょっとディオニソス的なものが回復しないと、女性の地位も向上しないと思います。なぜかというと、いまのままでは、女がグロい表象をつくると、余計叩かれるようになるからです。既存のステレオタイプな性差観をひきずったまま、より保守化することは、結局、既存の男女の非対称性をそのままスライドさせるだけです。だからこそ私は、ディオニソス的なものを推しています。

当たり前の相対主義を言わなければいけない

二村　僕が好きな田中小実昌《たなかこみまさ》という昭和の作家はストリップ小屋の楽屋でずっと酒びたりになっている、類型的に表現すると風来坊の酔っ払いだったんだけど、非常に哲学的にものを考える人でもあり、原点には牧師だった父の姿があるんです。普通のキリスト教じゃない、人が集まるとミサを始めますとも何とも言わずに口々に勝手に「パウロ、パウロ、ポロ、ポロ……」と呟《つぶや》いて、みんな一斉にトランス状態に入っていく(59)。そんな教会を戦前戦中の九州でやっていた父を見て育ち、さらに戦争で不条理な体験をして死の淵《ふち》から復員した田中小実昌が書く娼婦《しょうふ》たちの世界やストリップ業界というのは、何とも物語性が希薄なんです(60)。同情や共感や被害者意識や、戦争反対といった声高なメッセージがなく、罪悪感はあったんだけど前景化させず、エロティッ

(59) 田中小実昌『ポロポロ』河出文庫、二〇〇四年。
(60) 田中小実昌『イザベラね』中公文庫、一九八四年。

クな女体の即物性や女性を含めた変人奇人たちのふるまいを、わけのわからないものとしてゴロッと出す、物語がないモダンな作家。その父親は、わけのわからないことを集団でわめく宗教の、あまり教祖らしくない教祖だった。

わけのわからないことをわめいて、あるいはお経を唱えて脳内麻薬を出す、神とか死のほうから近づいてくる、それで自我が希薄になっていくというのはオーガズムなんですかね。そういう境地には、僕が主張するような「エロいセックスというのは、相手を大切にして溶けあうことなのだ」みたいな綺麗事《きれいごと》では辿《たど》り着けない。むしろ千葉さんが言う「自分がぐちゃぐちゃにされる悦《よろこ》び」からトランス状態は来るのかもしれない。ハードなマゾヒストの身体を無慈悲に追い詰めるSMを見ていると、そんなことも思う。

でも、やっぱり僕は相手と溶けあうのも、強制的に〝自分〟を奪われるのも、両方あってのオーガズムだと思うんだよね。良いものと悪いものという二つのスタンダードがあるからそこに眩暈《めまい》が生じるので、ただ無秩序で無粋な乱交では飽きる。

千葉　もちろんそうですね。ハッテン場に行っても、いきなり突っ込んだりするわけじゃなくて、そこにはある種のコードがあるわけですよ。

二村　まずはコードに準じたコミュニケーションがあり、そこから一緒になってディオニソスに落ちていく。

千葉　ディオニソス的なものというのは、否定と肯定の共存なので、そういうことですよね。

いまの議論に関連して、僕のやっている現代思想でいうと、物事は見ようによって、いろいろな角度からいろいろなふうに捉えられますというのが、八〇年代、九〇年代のポストモダンの発想だったわけですよ。でも、そういうことを言うと、一つのものをどうにでも言えるようになるので、確実に言えることがなくなるだろうという批判が、自然科学のほうから出てきました。なんだかんだ言っても、この世界は自然法則でできているだろうと。あるいは、社会科学のほうからも、解釈は動かせても、事実は動かせないだろうという批判が出るわけです。ところが、過激な人文系の人間は、事実が事実であることすら、よくよく考えると危ういよねという議論をする。僕は、そちらのほうが誠実だと思うんですよね。

そういう背景があって、近年、事実は動かせないという方向性が学問の中でもどんどん強くなってきていて、哲学の中でも、いったい何が固い事実としてあるのかということを問い直す議論がいろいろ出てきています。そういう動きと、正しい意味作用をするように設計された映画を正しく解釈し、それ以外の解釈は許さないという風潮はかなりリンクしていると思うんですよ。

多様な解釈があることを許せないというのは、否定と肯定の交わりを許せないこととイコールでしょう。つまり、Aという解釈があって、Bという解釈があったら、Bという解釈は非Aだから、解釈の相対性というのは、否定と肯定の共存ということになる。いま、それが許せない状態になっているというのがまずい。
いろいろな見方を言ったら確実なことが言えなくなるだろうという批判もわかるけれど、いまは逆に、物事にはいろいろな見方があるだろうという、すごく当たり前な相対主義を言わなきゃいけないんじゃないかという気がする。

千葉 否定と肯定を同時に受け止められるというのが、さっきから言っている〝強さ〟ですよね。

千葉 そうですね。だから、無神経さとはやはり違いますよね。否定と肯定を同時に受け止められる強さ。

身体の喪失

二村 多様な解釈が成り立つ世界はディオニソス的に豊かだと僕も思うんだけど、#MeToo と集団ヒステリーはどう考えればいいんでしょう。日本の #MeToo は個人の体験もエビデンスなんだと主張し、「これは私にとってはセクハラだ」と（そう感じたことは尊重すべきだと思いますが）一つの解釈だけを是としますよね。一方、集団ヒステリーはある意味ディオニソス的に見える。つまり、傷つきを享楽することと関係するんだけど、ネットフェミの人たちはネットフェミの人たちで、じつはディオニソスの酩酊を体験しているような気がするんだけど。

千葉　そうだとしたら、いまの人たちはセックスに対する不満を言うことで、セックスしているということじゃないですか。身体を使ってセックスすることをやめて、社会的なイシューを巡ってセックス的に興奮することが、今後のセックスのメインになるのかもしれない。つまり、炎上がセックスなんですね。

柴田　じゃあ、私はヤリマンだ（笑）。

千葉　そういうことになるね（笑）。

二村　明らかに、怒りで興奮しているもんね。でもそれを指摘するとトーン・ポリシングだと非難される。「その怒りは間違ってる」と非難したいのではなくて「発情してますね」と言いたいのに、「それは、トーンを下げろと言っているんですか。私は本当に怒っているんです」と言われちゃう。

千葉　それは理解されないですよね。

二村　うん。だからもう未来のセックスは、身体を使わない炎上の発情ばかりになっていくんだろうって気もしますよ。実際、それで興奮できているわけだからね。

柴田　あと、身体と精神が一致しているような、古代ギリシャや前近代日本のような見方を復権させても全然いいと思うんですよ。

二村　心などという〝しゃらくさいもの〟がなかったころの感じでしょう。國分さんふうに言えば「〝意志〟なんて無かった。現代のように誰かから押しつけられる、堕落した〝責任〟もなかった」ころ。

千葉　「内面」なんて、だいたいアウグスティヌス以後に発明されたものであって、極論を言えば、それまでは傷つきもなかったようなものではないかと。

二村　でも、だとしたら「奴隷に生まれたのはイヤだな」とか、弱者が自分の境遇を嘆く気持ちは、当時は何で表現されたのかな。

千葉　それは傷つくとかじゃなくて、僕の言い方だと「ムカつく」に近い感じがします。僕は、自分がイヤな状況に置かれていることを「傷ついている」と言われるのはすごく嫌いです。そういうときはムカついているんですよ。

我々には、近代的な内面性とは別の主体性のあり方、それこそギリシャ・ローマ的な主体性のあり方を持っている部分があって、僕は、強さというのはそっちに関わっていると思う。だから、内面的な主体性ではなく、ギリシャ・ローマ的な意味での、外側しかないような主体性を復活することが、強くなるということの一つのキーになってくるんじゃないでしょうか。その意味では、傷つきに基づく怒りを、僕は「怒り」と呼びたくないんです。内面なき怒りのみを、厳密な意味での怒りと呼びたい。

二村　いまインターネット上にあるのは人間の内面ばかり、傷つきからくる怒りばかりだよね。あれは、何だろう、泣き叫んでいるのかな。

千葉　そちらに近いですよね。怒りというのは、もっと攻撃的だし、強いものですよ。

二村　でもいまは、しっかりした強さを持っていない者の集団が、社会的な力を持ってしまって何かを攻撃して抑圧しようとしていますよね。

千葉　ニーチェ的に言えば、それが畜群的なものということです。ニーチェはそこで強者と畜群とを分けるわけです。

二村　大衆が畜群？

千葉　そう。畜群というのは、恨みつらみ、ルサンチマンに基づいて群れることで、結果、強者よりも強くなる。畜群＝弱者は、群れることで強者より強くなるのです。強者は、立場としては弱くて、畜群によって圧倒され続ける。僕がさっき言ったような、ギリシャ・ローマ的な主体性は、そのような、〝弱い強者〟のあり方です。ディオニソス的なものも、そこに結びついているわけですよ。

柴田　日本的な刺青《いれずみ》の文化にも可能性があると思います。もともとは弱い人間なんだけど、強そうな刺青を入れて、それが眼差《まなざ》されることによって自分も強くなっていく。外側から書き込まれたものに見合った内面に変身するという。

千葉　歌川国芳《うたがわくによし》が描いている『水滸伝』の浮世絵なんて、そうだよね。普通の人が、何かヒーローの刺青を彫ることによって変身する。

二村　ヤクザや侠客《きょうかく》が背中に物語性のある彫り物を背負《しょ》うのもそうだし、未開民族が顔に刺青をするのもそう。顔に紋様を入れることで、神様の力を借りて強くなる。

柴田　内面と外見が、イメージの力によって結びつき変化するんです。

千葉　それは、イコノクラスム的な、無限の理念としての神を信じることで強くなることとは、また違う態勢のような気がしますよね。むしろ、ある種のポルノグラフィによる主体化だといえるのかもしれない。

二村　その刺青も「公衆浴場に入るときはシールで隠してゾーニングしろ」と言われる。インターネットで怒っている人って、どうも肉体が希薄なんだよね。「私の身体が侮辱された、おびやかされた」って言って、じつはイメージに対して怒っているだけの人もいる。

千葉　「私の身体が失われた」と、私個人の問題だと思っているけれど、実はもっとマクロな、時代の問題として、「身体が失われた時代」の中に自分が投げ出されている、ということを訴えているのかもしれませんね。

二村　ああ、そうですね。痴漢というのは、確かに個人の身体が侮辱される犯罪だけど、それ以前に、そもそも満員電車という無神経なシステムが、乗ってる人全員の身体を侮辱して尊厳を奪っている。僕は、とにかく満員電車を何とかすることが痴漢撲滅につながると思う。

千葉　だから時代全体が、身体を喪失しているんですよ。その中で、身体を失ってしまった人間が右往左往している。セックスの喪失というのも、それぐらいマクロな視点で考える必要があるんじゃないかな。セックスの回復ということがあるとしたら、それは身体の回復だと思うんです。

柴田　それは、エロティック・キャピタルにもつながりますね。

二村　左の人から見ると右寄りの人が、フェミの人から見るとアンチフェミの人が暴力的だと思われているけど、敵も味方も身体を失っているよね……。

千葉　そう、ネトウヨにもなければ、典型的なリベラルにも身体がない。その両方に対して、「身体こそが問題ですよね」ということを言うと、イライラされるんですよ。

終　章　魂の強さということ

「ペドフィリア＝絶対悪」が表すもの

——二〇一八年一〇月一二日収録

柴田　いよいよ、今回が最終回ですね。まず、前回話題にのぼったペドフィリアについて、もう少し議論させてください。

千葉　ペドフィリアという言葉は現在、絶対悪のラベルになっていますよね。しかし、ギリシャの同性愛は少年愛だったわけだし、そんな昔のことをいわなくたって、少年愛と同性愛の権利運動がつながっていたという歴史がある。

柴田　私の問題意識はこういうものです。『新潮45』一〇月号で松浦大悟《まつうらだいご》さんも書いているように、もともと国際レズビアン・ゲイ協会と米国少年愛者団体は一緒に活動をしていたわけです。ところが国際レズビアン・ゲイ協会が国連経済社会理事会の諮問的地位を獲得するために、少年愛者団体を切り捨てた。松浦さんは書いていないけど、国際レズビアン・ゲイ協会が初期のアンブレラ型の体制下、カウンター・カルチャー的なアイデンティティやラディカルな性解放を求める活動から、「同性愛は生まれつきのもので変わらない志向」という本質主義的アイデンティティや人権に焦点を置いた政治的ロビイスト組織に変質したこと、ＬＧＢＴ運動の中でレズビアン勢力が拡大したことも、少年愛者団体が切り捨てられた理由のひとつです。多くのレズビアンは、男性にとってセックスは快楽と力の源泉の側面が強いが、女性にとってのセックスは性暴力と切り離せないという、フェミニズム的見解を支持しました。また、国際レズビアン・ゲイ協会に諮問的地位の獲得の条件として米国少年愛者団体の除名を求めたのは国連側であり、米国少年愛者団体とその支持者は、協会の対応を、外部からの圧力により加盟団体を排除することであるとして批判しましたが、ペドフィリア団体が存在しない国の協会加盟団体など、米国少年愛者団体を除名しなければ国際レズビアン・ゲイ協会への加盟を取りやめるとする団体が複数出てきたため「外部からの圧力に協会が屈することの是非」という問いの答えはうやむやになり、結局、米国少年愛者団体の除名は世界中のレズビアンとゲイの闘いに必要な犠牲であるという、政治的功利主義が選ばれました。国際レズビアン・ゲイ協会の米国少年愛者団体除名に関しては、当事者間で様々な立場と見解が存在したのです[61]。ですが、現在では、LGBT当事者やアライの人たちの多くが、その歴史をすっかり忘却し、ペドフィリアは絶対に悪なのだという点で一致団結するようにすらなっている。

(61) アンディ・クァン「ペドフィリアと政治～ILGA、NAMBLA、レズビアンとゲイの国際的な運動～」『実践するセクシュアリティ――同性愛、異性愛の政治学』動くゲイとレズビアンの会、一九九八年。

前回、千葉さんは当たり前の相対主義を言わなければならないと言ってましたが、このペドフィリアに対する歴史を忘却した絶対的な嫌悪は、相対主義を無効化しているように感じるんです。

二村　年少者との恋愛や性交を「実行を伴わない性的指向（嗜好《しこう》）の表明」や「表象を創作をする権利」まで含めて禁止するべきなのかどうかは、レイプや痴漢のコンテンツと同じで単純ではない話だし、かつて「キモい」あるいは「悪だ」と差別されていたマイノリティが社会によって包摂されたときに、よりアブノーマルとされる欲望を禁じて差別する側につくことがあり得るというのも難しい問題ですね。

被害者であるのかどうかはまた別の話として、アブノーマルなのかどうかを決めているのは社会であり時代です。江戸時代の日本には衆道があり、それ以前も少年と大人の男色文化は盛んでした。織田信長《おだのぶなが》と小姓・森蘭丸《もりらんまる》の関係も有名です。年齢や立場の差がある性関係って考えて連想したんですけど、信長と森蘭丸の同性愛って、あれ現代の職場での上司との不倫みたいなものじゃないですか？　組織の上司である既婚男性が、仕事ができる独身女性の部下と仲良くなりすぎる。いろんなケースがありますが、「たまたま職場にいた女に手を出す」のではなく、能力の高い者を私的に寵愛《ちようあい》してセックスまでしてしまうわけです。信長と森蘭丸の場合もそれに近い。戦国武将が手ずから、知識や能力を伝授したい若侍を、最初は「受け」として扱い、いろいろ教え込む。その子が立派に成長すると、自分の権力を継承させるか、独り立ちさせる。そうなったらもうセックスはしなくなる。

千葉　ギリシャがまさにそうだったわけです。そこでは教育が性愛と共にあり、精神を涵養《かんよう》することは性的接触も込みだった。むろん、近代的教育観念では、それはダメになった。だから近代的教育は、古代的なものとは本質的に異なっているわけですね。近代的観点から言って、古代は野蛮だったとか、そう単純に言うことはできません。古代には古代で、教育の異なる理念があった。

二村　男性社員以上に優秀な総合職の女性とその男性上司の親密な関係は、前近代の同性愛的な癒着をしている。それは上司の側の「妻が興味をもってくれない仕事の場での俺の姿を、この子だけがわかってくれてる」という、まあ甘えなんでしょうね。もう一人〈女〉ができたんじゃなく、違う種類の恋愛をしてるんだと思うんですよ。だから最初から離婚して彼女と再婚する気なんか、これっぽっちもない。女性のほうだって仕事中は「自分は〈女〉である前に〈仕事をする人間〉である」という誇りがあるから、憧れの上司との共闘関係のうちに同志的な恋をしてしまう。「仕事する人間として認められて嬉しい」とホモソーシャル的に発情してしまう。ところが、いつしか同性愛的ではなく異性愛的な恋に（その違いがどういう違いなのか僕にはよくわかりませんが）なってしまい、自分はこの人と結婚できるかも、子供が産めるかもという可能性に気づく。つまり、彼女は近代の自我をもった女性ですから当たり前なんですが、我に返って「女に戻って」しまう。それが同じ仕事をしている上司と優秀な部下の恋愛の、泥沼化の構造でしょう。

千葉 なるほど、そういうことはまったく考えたことがなかったです。さすが異性愛者ならではのドラマ分析ですね（笑）。異性間における同性愛的教育のつもりだったのに、それが異性愛の不倫になってしまうのだ、と。

柴田 男性上司と女性部下の不倫が同性愛的教育であるとする二村さんの見方を正しいとすると、男性上司と男性部下の同性愛不倫がもっと多発するはずですよ。それは異性愛男女の都合のよい幻想だと思います。男性上司も女性部下も、仕事中は〈男〉〈女〉よりも〈仕事をする人間〉であるという見解には同意だけれど、そうであると同時に〈男〉〈女〉であることは仕事中であろうがプライベートであろうが揺らぎません。

千葉 柴田さんの批判はもっともです。男同士ならばやはり一線は越えないわけで。それも不思議ですけどね。とはいえ、たとえそれが幻想だとしても、男性上司と女性部下の不倫には同性愛的側面が多少なりあるというのは一つの読み筋だと思いました。というか、二村さんの異性愛解釈のねじれが興味深いということですけどね。

で、柴田さんの議論に話を戻すと、絶対悪としてのペドフィリアと、絶対に守らなければいけない絶対善としての子供というものがペアとしてあり、それが今日の相対主義批判の風潮をよく示しているということです。

ペドフィリアのこの構図は、以前紹介したアンチソーシャル・セオリーの論者の「リプロダクティブ・フューチャリズム（再生産的未来主義）」批判の対象になるでしょう。子供を絶対善とすることは、人類社会を未来永劫《えいごう》再生産していくことが疑問の余地なき善なのだという前提に立っている。その前提からすると、子供をつくらない立場というのは、悪とまでは言わずとも劣位に置かれることになります。アンチソーシャル・セオリーはその前提を批判する。トランスジェンダーにせよ、ゲイにせよレズビアンにせよ、再生産的未来主義に対するアンチとしての自覚を徹底し、それに対して立ちはだかれというわけです。

未来を複数化する

千葉　この鼎談では、現実と表象の関係をあれこれ議論してきましたが、ペドフィリア的表象は、たんなる表象だからこそ禁止される、というロジックが立てられるんじゃないかと思います。そのポイントは、子供とは、未来の他者だということです。「現に存在するものではない」ということにおいて、表象されたものと、未来の他者は通底している。未来の他者という、これから生じるものを保護することが、フィクションの人物の人権という問題につながる。だから、極論すれば、現に存在している子供よりも、フィクションの子供の保護をすることのほうが、いわば〝本質的〟なんじゃないか。

前回柴田さんが話したイコノクラスムの問題も、現実と理念の区別がつかなくなっているということよりも、未来をどう考えるかという問題なのかもしれないと思います。表象の問題とは未来性の問題である、というわけです。

柴田　なるほど。未来の他者としての子供を守るためのペドフィリア的表象の禁止ですか。しかし、おそらくそこで想定される子供というのは、西洋の白人の子供なんですよ。たとえば実写のポルノでいうと、三〇歳のAV女優に小学生のような格好をさせて撮ることも、世界的に非難されて禁止になっていますよね。

二村　禁止というか、我々が忖度《そんたく》して自主規制しています。

柴田　でも、そもそもアジア人の身体というのは、西洋人の身体に比べて、どう考えても幼いんですよね。顔は平たいし、身体は薄いし、背も低い。セックスの文化は世界中でさまざまなのに、普遍的に正しいセックスというのは、西洋の白人における再生産のセックスとなってしまう。

千葉　アジア人は幼く見えるから、実際には成人していても、アジア人の性的表象は、白人基準だと「子供的なものが侵害されている」ように見えるだろうという話ですね。それはあると思うし、また、オリエンタリズムというアジアへの蔑視《べっし》と羨望《せんぼう》の混合もある。アジアの連中というのは十分大人になっておらず、何だか倒錯的な、カオティックな欲望を抱いているらしいというイメージがあり、だから蔑視するし羨望もする。
日本はグダグダでダメだから、どんどん外圧をかけてくれみたいなことを言う人がいますが、でもそれは、西洋のオリエンタリズムに乗って、自らを貶《おと》めることにもなる。

二村　なるほど……。それって僕が「AV業界の中はグダグダだから、人権問題が起きる前にむしろ警察から外圧をかけてほしい」ってつい言っちゃうときに、同時に、国家権力がAV女優を差別して迫害しないかどうかにも注意してないといけないってことと相似形の話ですね。気をつけないとな……。

柴田　実際はアジア人への蔑視があるにもかかわらず、日本も、普遍的な未来の子供を守れというテーゼとして受け取ってしまうわけですよね。

千葉　生殖的未来主義のその未来というのは、基本的には、西洋が切り拓いた合理的な近代の延長としての未来なわけですよ。西洋が実現した時間性としての未来。
以前、リー・エーデルマン的なノー・フューチャーに対して、複数形のクィア・フューチャーズが問題とされている、という話をしました。未来の複数化ということでは、西洋近代中心的ではない別の未来性をどう考えるかというのが一つの論点でしょうね。

禁じられるとよりヤバくなる

二村 僕は西洋社会をあまり知らないけれども、ニュースを聞いているとキリスト教聖職者の、少年に対するレイプがひどいわけでしょう。それはやっぱり、厳格に禁じてしまうから出ちゃうわけだよね。

千葉 むしろ、より残酷な形で出てきたりする。

二村 これは日本製のフィクションですけど、BL漫画の元祖の一つである『風と木の詩』は主人公の美少年がキリスト教の学校の男子寄宿舎で、年配の校長先生と秘密のセックスに耽《ふけ》ります。(62)

ある種の宗教は非常に神経症的だから、戒律で不道徳を禁じられれば禁じられるほど、よりヤバくなる傾向があるでしょう？　一方で古代ギリシャや日本の戦国時代は「あいつ、かわいいから育てる」というオープンな同性の年少者への性愛があった。

千葉 ただ、そこにも暴力はあったりなかったりしたわけですよね。キリスト教の原理は、すべての暴力をなくしましょうということです。そうすると、それに対する例外として出てくる暴力のほうは、昔のあったりなかったりした暴力よりも、よりひどくなるんじゃないかな。非暴力を理念化すると、対極に悪魔的なものが生じる。それがリベラリズムの問題でもあると思う。普遍的な禁止をかけると、そこから逃れる暴力はより悪魔的なものになる。僕としては、世の中からあらゆる暴力をなくすことなんて絶対無理だから、普遍的禁止を敷かないほうがマシだと思っています。例外化しなければ、通常のコミュニケーションの中での調整が働くはずなんですよ。

二村　完全に禁止しても、見えないところでやる奴が必ず現れる。それは発見されづらく、人々が「これは、さすがにないよね」みたいなことも言えない。周りの人たちからの常識的な審判を仰ぐのではなくて、二人っきりのところに行ってしまうからヤバくなる。

千葉　そうなったときには、最悪の状況に至って裁きを受けることになってしまう。キリスト教のロジックはそうですよね。最後の最後に極まって裁きが下りる。ポリコレってそういう終末論だと思うんです。ポリコレの行き着く先は、すべてが抑圧された結果として大爆発を起こすということですよ。

二村　神と悪魔に分かれちゃってね。ハルマゲドンが起きる。

(62) 竹宮惠子『風と木の詩』第一巻、小学館、一九七七年。

千葉　そうそう。だから、常日頃の調整が大事なんです。ペドフィリアといっても、幼稚園生を相手にするのと、十七歳を相手にするのとは違う話だし、性交可能年齢の線引きも、社会の状況によって違うわけです。平安時代なんか、十歳そこそこでやっていたわけでしょう。それはケース・バイ・ケースなんだと思います。

傷の交換

柴田　普遍的な禁止の要請によって、傷つきも安易になりすぎます。だって深刻な心の傷は本人固有のものだから、貨幣みたいに交換できないはずなんですよ。だけど、#MeToo を見ると、あらゆる性被害があまりに安易に交換されています。

千葉　あの「Too」という言い方が、傷つきというものの値下がりを言っているわけだよね。

柴田　はい。物々交換なんてできないのが傷つきだったのに、傷が値下がりし交換できるようになった結果、交換したほうがより傷の価値が高まるようにさえ見える。リツイートやいいねが数として増えていくわけだから。

二村　なんらかの表象を取り締まれという場合、千葉さんが言うように、未来の理念的な子供が傷つかないようにするという政治的な含意があるわけですよね。ただ同時に、怒りの中毒になって常に加害者探し・自分を傷つけるもの探しをしてしまう人には、おそらくその人が子供だった頃の深すぎる傷つきがある。医者でもないのに決めつけてはいけないとは重々承知の上で、あえて僕はこれを言いたいんですが……。

千葉　そう思います。だからペドフィリアの禁圧には、二つの図式があるんです。一つが、さきほど話した未来の象徴としての子供を守れということ。もう一つは、子供のように、子供「として」傷つく私を大切にしてほしいということです。「子供を大切にしろ」と言っているのは、イコール「私を大切にしてほしい」ということなのであり、「私」というのが、まるで生まれたての子供のような状況に置かれているんじゃないかと思うんです。小さな子供が周りの刺激を一身に受けているのと同じような状況に、自分の身体が置かれている。現代的身体というのはどうもそういう状態にあるんじゃないかと僕は捉えています。

これは二村さんと解釈が違うかもしれないけれども、幼少期に実際にトラウマを受けたという話だけに限らず、たぶん、今日の情報社会が全体として、すべての人がまるで刺激を受け過ぎて辛くなる子供みたいな状態に置かれている。それは、ネットの常時接続とか、いろいろな条件があると思うんですよ。そのなかで、とにかく刺激に圧倒されるということにおいて、みんなが「私も同じ」というようになっている。

もう一歩展開すると、その刺激が辛いというのは意味の問題じゃないんですよね。

ハラスメントを受けてイヤだとか、ヘイトスピーチがイヤだとか、全部意味の問題じゃないんですよ。もう、音が大きいからイヤとか、光が強すぎるからイヤとか、意味以前の刺激がイヤだということになっている。そういう状況をどう考えたらよいのかという問題だと僕は思うんです。ゾーニングの問題も、そこに関わっている。音を聞こえないように壁を立ててほしいという話でしょう。

柴田　それをすごく象徴しているのが、キズナアイの炎上問題(63)です。キズナアイをやり玉にあげたのは、『ゆらぎ荘の幽奈さん』や『幸色のワンルーム』を批判した太田啓子弁護士です。女性が性的に見えるような表象を、お母さん保守的な視点から抗議しましょうと煽動《せんどう》する、太田さんのおなじみと言っても過言ではないスタイルです。

昔も、一九五〇年代の漫画を校庭に集めて「焚書《ふんしょ》」するようなものや、連続幼女誘拐殺人事件の煽《あお》りを受け創作物のエログロを槍玉《やりだま》にあげた一九九〇年の「コミック本から子供を守る会」など、お母さん的PTA価値に基づいた悪書追放運動はありました。でも、一九九〇年代のフェミニストや社会学者たちは、それは保守的なもので、フェミニズムの問題とは違うからと、ちゃんと切り分けて、悪書追放運動を批判したんですよね。

しかし今回は、太田啓子さんがお母さん保守的なツッコミを入れたものを、社会学者の千田有紀《せんだゆき》さんがそこにある保守的な規範意識を批判もせずに、より補強して強化するような議論を展開した。[64]しかもその理由が「私の心の傷」だったんですね。自分も昔、周囲の性的な扱いに傷ついたし、多くの若い女性もそうだろうと。ここにはエビデンスもなにもない。「私の傷」というものを社会学者としてニュース媒体に発表してしまったんです。

かつてはフェミニストとPTA保守は切り分けられていた。そういう自覚がフェミニストにあった。それがいまはもう融合するだけではなく、フェミニストがPTA保

(63) 安藤健二「キズナアイのNHK登場めぐって激論。人気のバーチャルYouTuberは「性的」なのか?」」、ハフポスト、二〇一八年一〇月六日。https://www.huffingtonpost.jp/2018/10/03/kizuna-ai-nhk_a_23550314/

(64) 以下、太田啓子氏のツイート。

「NHKノーベル賞解説サイトでこのイラストを使う感覚を疑う。女性の体はしばしばこの社会では性的に強調した描写されアイキャッチの具にされるがよりによってNHKのサイトでやめて。このサイトで女性受賞者は少ないの?とか書いてるけどこれじゃ理由わかんないんだろう」https://twitter.com/katepanda2/status/1046917020279693312?ref_src=twcamp%5Ecopy%7Ctwsrc%5Eandroid%7Ctwgr%5Ecopy%7Ctwcon%5E7090%7Ctwterm%5E3

「nhk.or.jp/CSS/goiken/mai…　NHKへの意見を届けるメールフォームはこちらです。」https://twitter.com/katepanda2/status/1046917226614349831?ref_src=twcamp%5Ecopy%7Ctwsrc%5Eandroid%7Ctwgr%5Ecopy%7Ctwcon%5E7090%7Ctwterm%5E3

千田有紀「ノーベル賞のNHK解説に「キズナアイ」は適役なのか?　ネットで炎上中【追記あり】」、Yahoo!ニュース、二〇一八年一〇月三日。https://news.yahoo.co.jp/byline/sendayuki/20181003-00099158/

千田有紀「「表現の自由」はどのように守られるべきなのか?　再びキズナアイ騒動に寄せて」、Yahoo!ニュース、二〇一八年一〇月四日。https://news.yahoo.co.jp/byline/sendayuki/20181004-00099263/

守の擁護と強化にまわっている。そういう意味で、すごく大きな質の変化が起きたと思うんですよ。それはなぜか。フェミニズム自体が保守化しているところもあると思いますが、私は傷の価値、値段が下落したからこそ、傷を交換することがポピュラーになり、そのポピュラーな行為が、コミュニケーションとして優位なものになっていると考えています。そしてそこに新たな価値が生まれるんです。

傷の下落と交換の一般化がもたらす新たな価値とは何か？　本当ならば、私がたとえ傷ついたとしても、それは私固有のもののはずなのに、それをSNS上で交換することで、特定の表象を、何か普遍的な女性という概念に対する犯罪にしたいんじゃないか。私は、それは女性性の一元化・本質主義化にすごく近いと思います。

毒のある場所をどこに残すか

二村　二〇一八年の映画で最も話題をさらった『カメラを止めるな！』という作品なんですが、これ、ポリコレ的にほぼ完璧なんですね。『娼年』みたいな「女性に向けてセックスを描くためにポリコレは守りました」ってわざとらしい意図が一切ないナチュラル・ボーン・ポリコレ。ゾンビという形式がサブカル映画史の中で描いてきた、共感が通じない他者というものの気持ち悪さ、自分も食べられて「そっちがわ」になるのではという恐怖、生きながら体が腐るとか死病が伝染していくというおぞましさの概念が、すべて無化・脱臭される仕掛けになってる画期的なゾンビ映画なんです。残虐さや暴力はすべてフェイクで（ただし劇中で登場人物が排便する描写と、女性登場人物のお尻《しり》だけの長時間のアップはあります。子供心に訴えてくるようなスカトロとエロスです）、無理解な上司も空気が読めない自分勝手な男も最終的には全員が仲間で、誰の心の中にも「悪」がない。映画の構造そのものが「わけがわからないもの」が「共感できる」ことに収束していくようにできていて、最後は家族愛とチーム愛を礼賛して終わる。そして、この映画の制作には大資本が入っていない。業界の弱者の集団が知恵と努力で作ったんです。出演者に有名人がいないのはもちろん、かんちがいしたマイナーなスターもおらず、監督もまったくインテリっぽくない。あまりにも正しすぎるんで「じつは正しくなかったんじゃないの？」って盗作疑惑の横槍が入りましたが、そんなものもモノともしませんでした。

　本当によくできている。だから観ているあいだは面白い。でも僕は後から思い返してみて、これは権威と不条理が嫌いな大衆の、健康的すぎるユートピアだなって思った。それが大衆文化の大手からじゃなく、若者が作る自主制作から現れてしまった。僕は、この映画が好きじゃないです。ところがこれが善男善女に愛されているんですよ。誰も傷つかないし、サービス精神に満ちてるし、観る人には適度な知的ゲームが与えられている（しかも「与えている」という作り手の上から目線が一切感じられない。なんなら観ているほうが誰でも「がんばってるね」って上から褒めることができる）。世の中はこういうものを待っていたんでしょう。

映画マニアの人たちの中には「なんでこれが評判になるのかわからない、大した作品じゃないよ」とこっそり言う人もいるんですが、映画の批評ブログ、出版物も含めて公には『カメラを止めるな！』の悪口は、めっちゃ言いづらい空気になっている。口コミのサイトで「評判ほど面白くなかった」って書いたコメントに「これがわからないなんて可哀想な人ですね！」という調子の攻撃的なレスが付くことも多い。過剰な擁護をする人たちは、作り手でもないのに『カメラを止めるな！』を否定されるとおそらく深く傷つくんだろうなって印象すらもちました。そういう状況も含めて「大した作品じゃないよ」どころじゃない。すごい強敵です。

これが大ヒットしてしまったことで「技術はなくても、毒があるほうがいい」という昔のサブカル的な理念は時代遅れになったな、駆逐されてしまうなとも思った。じゃあ、これからどうやって毒のある場所を残していけばいいのか。『カメラを止めるな！』のような安全なユートピア映画が、これからのグローバルな格差社会で支持されて、傷つきやすい人たちに楽しみを与えていくんだろうな、とも思えてしまう。

千葉　僕は単純に、『カメラを止めるな！』がそういう作品なのだとしたら、みんな負け惜しみだとか言われることを気にしないで、ちゃんと批判すればよいと思いますよ。逆に、昔の、技術はないけど気持ち悪いサブカルが駆逐されたなんてことを言うと、その言説自体が、まさにそういうものがますます駆逐されるように状況を後押ししてしまうでしょう。

二村　そうか、そうだね。

千葉　だから、老害だと言われようが、毒のあるものの擁護を言い続けるべきですよ。僕は完全にそうです。『意味がない無意味』でも、昔ながらのポストモダンバリバリの文体実験みたいな書き方をして、妥協していません。「いや、毒もちょっと理解してもらいたいんですけど」なんて、ハト派の態度に出ていたらダメですよ。悪口を言わないと。悪口ってむしろ戦争をしないために、積極的に必要ですよ。

二村　それにまた耐えられないんだよね。いまの傷ついた人たちは、と言うより逡《しゅん》巡《じゅん》しちゃう僕がってことなんだけど、自分のいるところで、そこにいない人の悪口を言っている人がいることにも耐えられなくて「そんなことを言うのはおよしよ」と言いたくなる。

千葉　自分もそうされるかもしれないと恐れるからじゃないでしょうか。

二村　そうです。だから自分が一歩その部屋を出たら、自分が悪口を言われている可能性に耐えろということだね。

千葉　それは耐えるしかないですよね。

柴田　ユダヤ系の思想家・精神分析家であったジュリア・クリステヴァは、セリーヌという反ユダヤ主義の言論活動を行った小説家の作品をすごく擁護するんですね[65]。それは戦争をしないために必要とされる悪口と同じで、文章の中で発散することによって、本当のユダヤ人への暴力が未然に防げる。要するに、アブジェクト（おぞましきもの）が人間の内面から消えることはないからこそ、そこに回帰しない為に、おぞましきものを昇華する芸術が必要であり、そこでガス抜きがされるから、ファシズム的な作品であっても、それを規制してはいけないというロジックを立てるんですよ。

グローバル資本主義とポリコレ

柴田　二村さんの問いは、芸術と映画の微妙な差異にも関わっていると思います。映画って大衆論と切り離せないんですよね。もともとできた時代も一九世紀後半の大衆社会が出現した頃だし、劇場というシステムが、大勢の人間に啓蒙《けいもう》するという効果があった。戦争中は国威高揚を目的としたプロパガンダ映画で、男性は兵士、女性は銃後の労働と子供を産むことによる貢献が求められ、帰還兵が労働者として復帰した戦後になると、みんな画一的に「女はやはり主婦になって、子供を産みましょう」という映画になっちゃう。アメリカでは映画だけでなくテレビドラマ、ファッション誌や大衆小説もです。このころのアメリカの情報システムが単純だからということも考えられますが、それをたくさんの女性が内面化してしまって、女性の大学進学率もめちゃくちゃ落ちてしまうんですね。さらに、いいかげんなフロイト主義者のマスコミや知識人や精神科医が蔓延《まんえん》していたので、女性が「私は主婦だけど、働きたいんですよ」といったことを相談すると、「フロイト的には、女性は子供を産めば、そんな悩みは解決します」みたいなアドバイスをされる。

二村　フロイトってそんなこと言ってたの？

柴田　フロイトの解釈が間違っているんです。アメリカではフロイトの精神分析が大衆化し、また、カウンセリングがすごく発達していたから、それに比例して俗流フロイト主義のカウンセラーや精神科医がたくさんいすぎた。アメリカの第二波フェミニストたちがフロイトを嫌う傾向が強いのは、「女性の家庭回帰」を求める国家の方針と相性が良かった俗流フロイト主義が蔓延していたからです。

千葉　そういう人たちが、抑圧的な、保守的なことを言ったわけですね。

（65）ジュリア・クリステヴァ『恐怖の権力——〈アブジェクシオン〉試論』枝川昌雄訳、法政大学出版局、一九八四年。

柴田　保守的なことを言ったし、それによって、女性たちがより抑圧されたというところで、ものすごく憎悪がある。アメリカの第二波フェミニズムにおいて難解なボーヴォワールやケイト・ミレット、マルクス主義フェミニズムの観点からフロイトを批判した『性の弁証法』のS・ファイアストーンよりも、専業主婦の当事者であったベティ・フリーダンが爆発的にウケたのはそこですよ。話を戻すと、大衆論的映画論から考えると、ポリコレ的な方向に進まざるをえないんですよ。だからそれとは別に、複数の芸術論も必要だと思うんです。

千葉　アイロニカルに言うと、ある種の人たちがイデオロギー的に、「人を傷つけないように」とか一所懸命主張しなくても、エンターテインメントでどんどんそれは進んでいくでしょう。だからこそ、むしろ「いや、それで失われるものがあるよ」ということを言う必要がある。とはいえ、それを言っても関係なく、世の中はどんどんポリコレ化していく。その状況の中で欲望の問題をもう一回どう考えるかが、我々の課題だと思うわけですよ。

柴田　あとは、ポリコレって資本の問題なんですよね。映画が象徴的だと思いますが、単純に、ポリコレに配慮していないと配給できなくなる。F1のグリッドガールが、背景向きには女性がセクシー過ぎるということで廃止されたことがありましたが、背景にはイスラムマネーがすごく強くなっているからというのもあったりする。若い頃は人を斬りまくり、世界大戦にも従軍していた男主人公が死んで異世界に転生するという日本のラノベ作品『二度目の人生を異世界で』がアニメ化されるにあたって、中国を中心とする海外からの非難によって中止されたりする。それはなぜかというと、いまの日本のアニメ業界は中国に輸出したいから、中国の人が怒るような表現はよくないということですよね。

結局、ポリコレ的な配慮というのが社会的には前面に出てくるけれども、背景には、資本の力がある。だとすると、イスラムの資本が圧倒的になったら、「ポリコレ的に正しくないから顔や身体を露出した女性を描くな、ゲイやレズビアンは描くな」になり得るんですよね。

千葉　グローバル資本主義が、それまでの共同体の狭い規範を崩し、ありとあらゆるものをすべて交換できるようにしていくという趨勢《すうせい》がある。これはマクロな趨勢であり、それに対する抵抗、バックラッシュはたびたび起きますが、この趨勢自体は揺るがないと思うんです。ポリコレというのは、なるべく交換がスムーズにいくようにするということ。

二村　そうなってくると、大事なのは、交換できないものがあることを認めるということだよね。最終的には自分の傷とあなたの傷は交換できないと。

千葉　だから柴田さんが言ったように、#MeTooは、交換の論理なんですよ。言い換えれば、グローバル資本主義の論理であり、ドゥルーズ＋ガタリの言葉を使えば「脱コード化」だということになる。脱コード化された傷つきが蔓延することによって、古い意味での非対称的で個人的でプライベートな傷というものがなくなっていく。それが前回話した身体の喪失ということですね。

魂の強さ

柴田　自分のガワがないんですよね。境界線となる皮膚みたいなものがないから、#MeToo でみんなつながってしまう。皮膚や境界線があったら、「理解はできるけど、私とは違うな」と、同感はできるけど共感にはならないんですよね。SNS的な共感のつながりって、もう自他の認知がグチャグチャで、「私は子供のときにレイプされました」という人がいただけで、それを聞いた人は子供のときにレイプされていないにもかかわらず、「この傷は私のものでもある」となってしまう。自己の境界がなくて、もうスライムみたいに溶けだしている。私は、「もうちょっと自分に引きこもれよ」と思います。

二村　千葉さんがツイートしていた「魂の強さ」も、そういうことだよね[66]。みんながそれぞれ「こうあれば生きていける」という様式を持ち、でも全員が同じ様式を持っているわけはないのだから、他者と相容《あいい》れないことがあったときに相手の悪口は言いながらも殲滅《せんめつ》しようとはしないことが、魂の強さであると。敵を殲滅したいと願うということは、自分の体や心がむき出しすぎて「おびえている」ってことだもんね。

千葉　いま柴田さんが言ったように、身体の境界線をどう確保するかということが問題になっていて、それが魂の強さということでもある。「強さ」とか言うと、じゃあ、たとえば寝たきりの状態にある弱者はどうなるんだ、とか批判する人がいるけれども、そうだとしても生きていこうとする強さを持っている。僕の言っている「強さ」というのは、動き回っていろいろ成し遂げるとかそういう意味ではない。

柴田　ある種の自閉性ですよね。

(66)　以下、千葉雅也のツイート。
「自分が依拠する主体化の様式を完全に正当化することはできない。自然科学に依拠してもできない（その外部が必ず生じる）。だから、他の様式があることが見えると、自分の様式が絶対ではない証拠になるので、殲滅したくなる。そこで殲滅しないようにすることを、僕は「魂を強くすること」と呼ぶ。」https://twitter.com/masayachiba/status/1049684629710499841
「人は特定の制度の中で主体化する。他の制度の中で主体化している人を見ると、自分の主体化の正統性を脅かされるような気になり、過剰に攻撃的な態度をとることがある。普遍的な主体化の方式はない。そんなふうにメタに見れば、よい。」https://twitter.com/masayachiba/status/1049676932827103235
「悪口を言いながらも戦争しないって大事よね。その場合、悪口を言うことを積極的に価値づけることがポイントになる。」https://twitter.com/masayachiba/status/1049687536732319744

千葉　そうそう、そしてそれはイコール個体性ですよ。個体が別々であるということが僕は重要だと思うんですが、最近の風潮ではそうではなく、何でもかんでもをケアの関係で結びつけていこうとする。その中で、エロティシズムが失われていく。なぜなら、エロティシズムというのは、一定の防御壁を持っている者のあいだで展開される、ある種の暴力のドラマだからです。

二村　その暴力が、いまやタブーになっているということ？

千葉　いや、もう人間が変化しちゃっているということですね。

二村　グローバル資本主義によって、人間がエロティシズムに耐えられなくなってきているのだと。たしかに、そういう意味での「弱い人」や被害者意識に取り憑かれている人には、その存在にエロさが感じられない。

柴田　個の感覚じゃなくて、全体としての人間の感覚になっていると思うんですね。傷つきが簡単に共有できるということは、他人の傷でも自分の腕が痛いというようなものです。そこには自分の身体もなければ、大量に複製された傷のオリジナルがあるかも疑わしい。オリジナルなきシュミラークルとしての傷、シュミラークルとしての「私」「あなた」「みんな」というような。だから私は、「もっと自分の中に引きこもれよ」と思うんですよ。

二村　対話なしで？

千葉　いや、むしろ引きこもることこそが対話の条件だ、ということでしょう。

二村　個々があるから対話ができるということですか。

千葉　つまり、すべてが響き合い、溶け合っているような状態は、もはや対話じゃないんです。おそらく二村さんが考えている二人がフュージョンするようなエロティシズムも、完全に溶け合うことではないですよね。

二村　もちろんです。おたがい切り離されているからこそセックスの時だけ溶けることが快楽なんだし、その「セックスで溶けている」というのも結局はオーガズムによる双方向の幻想で、一時的なものなんですよ。幻想だからこそ求めるんです。ところが最初から自他の境界が曖昧《あいまい》な「弱い人」がセックスや恋愛に溺《おぼ》れると、これはどんどん苦しくなって依存的になっていく。

千葉　僕も「自己破壊」と言うけれども、それは、みんなと一緒につながるということじゃない。そうではなくて、むしろ、接続過剰状態からドロップアウトするということです。

二村　接続されまくっているネットワーク社会から、あえて引きこもるべきだと。なるほどね、たしかにツイッターばっかりやってて予定調和の仲間同士で「敵は、けしからんよね」ってつぶやきあったり、敵のつぶやきを探し出して怒ったりばかりしていると、こっちが想像もつかないことを思ったり感じたりしてる人と偶然出くわす機会も減るし、エロいセックスやオナニーを時間かけてしているヒマもなくなるね（笑）。

柴田　自分の中に引きこもることによって他者との差異が見えてくると思うんですね。たとえば、自分にとっての美術制作や文章を書く行為もそうです。何かを作っていたりすると、参考文献や影響を受けたものがあったとしても、いままでのものとは違う自分を、影響を受けたものと同じではない価値観をつくらざるを得ないし、無理やりにでもそうしないと、創作はできない。滑稽《こっけい》であろうがカッコ悪かろうが、孤独に自分に向き合うことによって、自分をひり出すしかなくなる。そうすると、簡単に共有できる傷というのとは別の自己が絶対に見えてくると思うのです。

千葉　それが、覚悟のある人じゃないとできなくなってきたということだよね。いま柴田さんが言ったのは、明らかにモダニスト的な創作者像ですよね。僕もそういうのを持っているし、この三人は三人ともモダニスト的な創作者だと思うんですよ。

翻って、二〇世紀を通して、ありとあらゆるジャンルでほとんどのパターンが出尽くしてしまい、もはや新しいものを作れなくなっている。すでにあるもののアレンジにしかならない状況になって、その中で育ってきている人たちは、新しいものを作るという意識がほとんどないというか、昔の素材をシャッフルしてどうにかなるみたいな感じになっていると思うんですよね。

二村　ほんとにそうみたいですよ。僕は若いＡＶ監督から面と向かって、それを言われた。「もう自分たちは二村さんたちが作ってきたものをサンプリングしているだけですから」って。いま一番売れているAV監督の一人が悪びれずに言ってました。

千葉　その状況と、身体の境界をつくり出せないということは、たぶんつながっているんです。あらゆる文化ネタが、もう出尽くしてしまったということと、みんなが共感の時代になっているということは、たぶんイコールだと思う。要するに、未知がないわけですよ。新しいコンテンツがないというのもそうだし、「他者」という新しいコンテンツもないんですよ。

もっと引きこもれ

二村　でも難しいのは、攻撃的な人ほど「あなたは傷ついているから、いつも怒ってるんでしょう」と言われるのをすごく嫌がる。人は他人から「あなたはこうですよね」なんて規定されたくはない。それは僕だってそうです。ということは対話の中で、自分で自分に気づいていくしかない。

そこでふと思ったのは、精神医療で最近注目されているオープンダイアローグです。医者が一方的に「治療者と患者」という関係で診断やカウンセリングを与えるのではなく、医者とカウンセラーと看護師、そして当事者と当事者の家族と複数人でなるべく対等なトークをひたすら重ねていくと、時間はかかるけれど薬を使わずに快方に向かうといいます。「あなたは感情の自動機械のようになっている」と指摘しても自身の心のありさまを見てくれない人には、インターネットを介さないリアルな空間でオープンダイアローグ的に複数の他者と、決めつけにならないような言葉を交わすことが、自分と他人は違うのだとゆっくり理解していけたり、自分の状態を客観視できるようになることにつながるのではないか。

千葉　少し補足すると、オープンダイアローグは基本的に統合失調症に使う方法で、そしてポイントは秘密をつくらないことにあります。なぜかというと、統合失調症では、典型的には陰謀論みたいな症状が出るんですよ。誰かが私を騙《だま》しているとか、知らないところから電波を送り込んでくるんじゃないか、といった。だから、とにかく謎がない状態にすることが重要なんだと思うんです。

でも、オープンダイアローグには批判を向けることもできる。自分の無意識に向き合うというよりは、無意識を拡散させ、霧散させるわけですよ。統合失調症では秘密というものが病態の核心にあるとすれば、秘密をなくせば寛解するというのは、なるほどそうだろうと思います。だけど、古典的な精神分析の立場から言えば、それは、自分の無意識と向き合うことを回避しているわけです。オープンダイアローグは、まさにSNS時代の、なんでもシェアするという状況と対応しているパラダイムなのかもしれません。

二村　ＳＮＳで共感した人だけフォローして傷をシェアしあうみたいなことになっちゃったら、無意識は出てこないか。

千葉　ところで、精神分析では、基本的には、統合失調症は扱わないんです。むしろ悪化する可能性があるからです。精神分析では、最初に予備面接をして、この人は統合失調症か神経症かを判断するんですよ。統合失調症なら、分析をするのではなく、病院で投薬治療を受けた方がいいです、となる。精神分析のように言語を使って問題を掘り下げてしまうと、統合失調症にはかえってよくない。だから、深いところにいかない言語環境で治療する。というか、コミュニケーションから「深さ」を消滅させるという方向へ行く。

そうした意味で、オープンダイアローグは、個の無意識と向き合うことがどんどん難しくなってきている時代を反映しているんじゃないかと思います。

柴田　だから、芸術家や小説家が嫌われているんです。ホラー映画の冒頭の激しい雷雨映像が主人公の先行きの困難さを暗示するみたいに、風景の描写をすることで主人公の内面を描写するという手法が、日本の小説はすごく多いですよね。そういう一種妄想的な才能が評価されたのが、昔の小説や芸術だと思いますが、もはやメタファーや無意識を描写することが嫌われているように感じます。

千葉　いまや、無意識を持っているのは「特権階級」なのかもしれない。無意識というのは余りであり、動物的にただ生き残るために生きていたら、無意識は要らない。邪魔です。

　ますます激化するグローバル資本主義において、ただただ目の前の変化に対応する新しいスキルを身につけて生き残っていかねばならない人たちは、無意識がないと言えるような状態になっていくんじゃないかと思います。それで構わない、みんなそうじゃないかという見方もあると思いますが、僕としては、その状況は、グローバル資本主義によって「無意識が奪われていっている」状況なのだ、とネガティブに捉えています。

二村　無意識を奪われちゃった傷つきやすすぎる人たちは、エロの暴力性や不可思議さに耐えられない。無意識に焦点を当てた、さまざまに解釈できるキモい創作物もウケない。

千葉　ウケないですよね。エンターテインメントは、単純に泣ければいい、驚ければいいというようなアトラクション的なものになっていく。「こういうことを言われたから傷ついた」というのは、今日では、無意識で受け止めて意味を解釈するという過程をスルーして、たんに「こういうアトラクションは乗りたくない」ということになっているように思います。

二村　普遍的な正しさだけを求めようとすると結果的に、より陰湿な暴力が生まれる。誰にも共感されえない固有の秘密や無意識を、人間は持つ必要がある。

柴田　それが「もっと引きこもれ」ということですよ。

文庫版増補１　〈人類の移行期〉の欲望論

コロナ禍のなかで

——二〇二〇年一二月二五日

千葉　『欲望会議』が単行本として出版されてから二年が経ちました。この二年の間にコロナ禍があり、それはまだ続いているわけですが、お二人に何か変化はありましたか。

柴田　とても個人的なことなんですが、実は私、味覚がなくなった時期が二回ほどあって、一度目のときはコロナに感染したと思ったんです。だから味覚が戻ってきたときには、もう抗体を持っているんだと思ってすごくハイになり、当時ハマっていた激辛のエスニックや四川《しせん》料理を食べまくったんです。そうしたら、また一カ月後ぐらいに味覚がなくなった。もしかして最初に味覚がなくなったときもコロナではなかったのかと思って耳鼻科に行ってみたら、単なる亜鉛不足という診断でした。原因は舌の磨き過ぎと、辛いものの食べ過ぎで。

千葉　ええ、柴田さんは舌を磨いてるんですか？

柴田　磨いてたんですよ。それに加えて毎日のように、四川、四川、エスニック、四川、四川みたいな食生活で味蕾《みらい》が破壊されたみたいです。

千葉　舌をむき出しにして、そこに刺激をめちゃくちゃ投入してたのか（笑）。

二村　コロナにぬれぎぬかけちゃったんですね。

柴田　そうなんです。でも味覚を失ったときの体験は結構面白くて、バイアグラとかを飲みまくりたがるインポの男性の気持ちに勝手にシンパシーを感じてました。自分の好きなものを食べたとき、どんな味かという知識も記憶もあるのだけれど、それが再現されないことはとてもストレスだし悲しいんですね。これは、いつも勃《た》っていたちんぽが、きょうは勃たないみたいな喪失感と似ているんじゃないかと思ったんです。だから、幸せそうに食べている人を見ると羨望《せんぼう》してしまうんですよ。自分にとって食事はすごくエクスタシーに近いことだったんですね。

その後、味覚障害も経験しました。味蕾がぐちゃぐちゃだからだと思うんですけれど、みそ汁一口飲んでも甘かったり、しょっぱかったりと、いろんな味覚がランダムに襲ってくる。

二村　味覚にバグが生じてたんだ。

柴田　味がばらばらになったり、トンチンカンな味がするんですよ。

千葉　それもすごい話ですね……。二村さんはどうですか。

二村　女装AVの撮影に、妻子ある男性からの「女優になってみたい」という応募があり、以前から考えてた『お父さんはAV女優』というのを二〇一九年にやっと撮れたんですが、その後コロナ禍になってずっと監督業をやってませんでした。

何をやってたかというと、ほぼ毎晩オンラインで、哲学対話にハマってたんです。テーマを決めてFacebookかTwitterで参加希望者を募ればすぐに集まりました。哲学対話というのは、難しい専門的な用語はなるべく使わず、十人くらいで日常的な卑近なトピック（僕たちは性や恋愛をよくテーマにしていました）について考えを述べあい、他の人の言うことに対して否定的な態度はとらず、しっかり聞き、疑問や反対意見がわいたら詰問や喧嘩《けんか》腰の議論にはならないようにおたがい問いかけ、自分自身の考えも疑いながら止揚できるように考えていくんです。結論は出しません。

ただ哲学対話は主催者によって採用するルールが微妙に違って（もちろん、どんなルールでやるかは参加希望者に提示します）、「タブーなく考えるために、どんなことを考えて話してもいい」というルールを、「それだと傷つく人がいるから危険だ」「何を考えてもいいと言ったって限度がある、とくに差別を容認するような発言は明確にNGにしておいて、差別者は排除すべきだ」と考える人もいます。

僕自身は正直、対話や哲学の場で、いわゆる「正しさ」を重んじることが本当に「いいこと」なのか、よくわからないです。あらかじめ排除するという発想でいくと、自分とはまったく違う考えの人と同じテーブルにつくことはやがて不可能になっていく。せっかくの哲学対話なのに自分の中の矛盾に気づく機会も減ります。自分をアピールするために他のメンバーへの攻撃になることが自明な発言をくりかえす人には出ていってもらいますが、自分の考えが意図的にではなく誰かを傷つけてしまったら、まずは謝って、それから「なぜ」自分はその発言をしたのか、傷ついた側の人も「なぜ」自分は傷ついたのか、言い訳にも相手への文句にも自己嫌悪にもならないように、考えつづけなければいけないんじゃないかと思うんです。日常ではできない、そういうことができる場が哲学対話の場だとも思う。

哲学対話は学校現場でも行われるようになってきているんですが、教員の中にはモラルを守るというタテマエで、権力としてけっこう介入する人もいるみたいです。高校生たちの対話が「売春は是か否か」とか「校則は本当に必要なのか」といった問いまで生んでしまうと、そういう話題はやめたほうがいいと割って入る。でも、そんなふうにNGなワードやテーマが先に決まっている場で哲学や対話をするのって、どうなんですかね。

千葉　事前に規制をかけるのはあまり感心しないですが、難しいですね。ところで、極端な実践として精神分析を挙げたいんですが、精神分析では、自分の中の妄想や欲望を全部話します。誰かをこう思っているとかこうしたいとか、秘密だろうが犯罪的なことだろうが何でも言うわけです。それを聞く精神分析家は絶対の守秘義務を持っているから、何を聞いても耐えなきゃいけないんですよ。だから精神分析家になるための修業は大変ハードで、自分自身も同じように精神分析を受けないと分析家にはなれないんです。

何でも話していいということなら、哲学対話も場合によってはむき出しの言葉が出てくるわけだから、危険なところはあります。あらかじめフィルターをかけるというより、ファシリテーターが慎重に進める必要はあるでしょうね。

柴田 あらかじめフィルターをかける哲学対話は、被害者を絶対に出しちゃいけないという、#MeTooをはじめとする今のネットフェミニズムの流れとも近いですね。片や、若い大学生の男の子も、セクハラの加害者に絶対になりたくないから、フェミニズムの勉強をするそうです。

大学も予防的になっています。今後、「学問の自由」と「大学という教育機関の対応」の問題が混同されたり衝突するケースは増えるかもしれません。

千葉 「普通の生活」という感覚から逸脱しているものに対する圧力はすごく強くなってますよね。そういう人たちは、発想がイチゼロしかないんですよ。多少傷ついたり、傷つけられたりという、どちらが加害とも被害ともいえないような状況が人間関係の中にはあるんだけど、そういうものがあるということ自体がもはや嫌われる状態になっている。これは、人類史に対する根本的な裏切りだと思います。とにかく、良いか悪いかどちらかしかなくて、ちょっとでもコードに引っかかると黒にされかねない。そうすると、とにかく無難な対応をするようになって、結局深い人間関係を築けなくなるわけですよ。

交尾化するセックス

柴田　その人たちの言う傷つきの定義って、誰を想定しているのかがよくわからないんです。フェミニストを名乗る人たちがよく「こういう性的搾取の女性表象が女性を傷つける」と言うけれど、私は全然傷ついたことがなくて。本当に傷ついて泣いて怒る人もいるのかもしれないけれど、いわゆる男性向けのエロコンテンツを楽しむ女性オタクだっているのに、ずっと不可視化されているんですよね。

千葉　ある種のメジャーな女性像みたいなものを打ち立てて、それに回収しようとするわけでしょう？　そこから外れた女性は不幸な人であり、自己認識が誤っているから、正しく教育してちゃんとした女性の側に取り込んでいかなければいけない、と。

二村　SNSだと、反射的に怒ったり、傷つきを表明できたりしますよね。「それは誤解だよ」と誰も言わないまま、怒りの感情が当事者じゃない人たちにまで広がって、大きな対立になってしまうことがますます増えている。

女性セックスワーカーが女性客の相手をするレズ風俗というものがあって近年話題

になっています。ここは、お客としてレズビアンの女性も利用するけど、セックスや恋愛や対人関係で傷ついて男性に懲りたノンケの女性も利用します。そういう店の一つが新しいサービスとして、ノンケ男性の客にワーカー二人が濃厚なレズプレイを見せる（もちろんお触りは禁止です）鑑賞コースを新設したんですね。それに対して「同性愛をノンケの興味本位の見せ物にするな」と言ってSNSで怒った人がいた。

柴田　よく考えるまでもなく、セックスワーカー同士がいちゃつくほうが、デリヘルのようにある種無差別にいろんなお客さんと接触するよりも安全ですよね。

二村　それにレズプレイ鑑賞コースを「けしからん」と言うなら、いわゆる性的客体化は全部ダメという感じになってきますよね。でも本人たちが合意して、いいと思ってやってるんだったら、べつに構わないと僕は思う。そういう批判の主張は、やがてプライベートなセックスしか存在してはいけない、さらにはプライベートのセックスでも演出めいたプレイはけしからんってことになっていくんじゃないですか。

千葉　そうでしょうね。それを煎《せん》じ詰めていくと交尾ですよ。同性愛も限りなく交尾に近いものになる、というのは変な言い方ですけど。同性愛ってある種の倒錯ですから、それこそ交尾じゃない性的自由だったはずです。ところがプライベートなセックスの中でさえ、AVのような演出性をどんどんそいでいった結果、最後に残るのは生殖としてのセックスだけになる。そうすると、ゲイセックスも疑似生殖であるという意味で社会に「包摂」されて、その先に同性婚という話になってくるわけですよ。

これは完全に矛盾した話です。そもそも同性愛は非常にパフォーマティブな性愛なんだというところから話を始めなきゃいけない。そうすると、その延長上にある程度の安全が確保されたパフォーマンスとしての商売としてのセックスもあり得るという話になってくるはずなんですよ。それなのに最終的に、宗教的にも許されるような正しいセックスに向かっているのはおかしな話です。結局、最近の性愛の方向性を見ていると、繁殖期を復活させたほうがいいという話になるんじゃないかと思うときがありますね。

くまクッキングの炎上

柴田　本当にそうです。女性表象に関しても、男女二項対立視点が強固にあった、第二波のラディカル・フェミニストたちですら、女性からの視点で描くピンク映画監督浜野《はまの》佐知《さち》さんや、女性のフェミニズム・アートなど、グロくてエロいものに一定の理解を示していました。ところが現在の反ポルノ的な抗議をするインターネットのフェミニストたちって、風紀委員でしかありません。

ノーベル賞を解説するＮＨＫのサイトにインタビュアーの役割（演出上は生徒役）

で登場した、バーチャルYouTuberのキズナアイの露出が高いという批判もありましたね。女児向けアニメに出てくるようなノースリーブなんだけれども、一枚羽織るべきだとか言うわけですよ。表向きには「胸など性的な部分を強調してアイキャッチにすること」「女性が補助的な役割をするというジェンダーロール」への批判であるということなのですが、実際には、そのキャラクターが有名か無名か（セーラームーンに「一枚羽織れ」とは言わないでしょう）という認知度の問題に加えて、女性はセクシーな格好をするな、巨乳の女性は広告に出すなということと大差無くなっている。(1)

二村　セクシーさに対する差別だよね。

柴田　くまクッキングさんという料理系YouTuberの炎上もありました。彼女は顔も声も出さず、胸が強調されたタイトな服を着て、男性が好きそうなスタミナ料理を作るという芸風なんですが、自分のTシャツの胸の位置を広告枠として売り出したんですよ。そこに新橋の駅前にあるED治療クリニックが、新橋の駅前に、クリニックの名前が胸元にプリントされたTシャツを着るくまクッキングさんの街頭広告を出したらものすごく炎上して、結局差し替えになった。EDクリニックが女性のおっぱいを広告にするのはダメなんですかね。(2)

千葉　EDクリニックは大多数のヘテロ男性をターゲットにしているわけで、その人たちに訴求しようと思ったらちょっとセクシーな女性のイメージを使うことは不自然ではないよね。でも、露骨過ぎたんでしょうか。おっぱいがぼーんと出て、そこで文字がゆがんでるわけでしょ。それを公共の場所に出すのはけしからんってことですかね。せめて青年誌の後ろに載せるぐらいなら許すけど、という感覚なのか。

柴田　でも新橋ってサラリーマンの男性が多いし、二丁目にゲイのエッチな広告出すようなもんですよ。

二村　僕はポルノのプロとして、するべきゾーニングはしましょうという意見です。手に入りにくいほうが興奮するし、本当にエグいものを見たい人に売れる。

たとえばロリペドっぽい漫画であっても、その存在を禁じるべきではないとも思う。だけど、広告でちょくちょく見えちゃうのは僕は嫌なんですよ。でもインターネット上ではひどい漫画の露骨な広告がどこにでも出てくる。一方でポルノとは呼べないような「ちょいエロ」でも、誰かが怒って抗議をされた表現は、怒ってる人がいるからということですぐ自主規制されちゃう。

（1）「ノーベル賞のNHK解説に「キズナアイ」は適役なのか？　ネットで炎上中【追記あり】」、yahoo ニュース個人、二〇一八年一〇月三日。https://news.yahoo.co.jp/byline/sendayuki/20181003-00099158

（2）「新橋駅前の巨大看板、ED治療クリニックの広告が巨乳ユーチューバーの胸部アップで物議に」」、excite ニュース、二〇二〇年一〇月六日。https://www.excite.co.jp/news/article/Real_Live_200061452/

千葉　過剰に残酷なものや暴力的なものと、ちょっとエッチなものというのは違うと思うんです。僕の感覚からすれば、口臭対策の広告で「口臭い人」とか、角栓がぼろぼろ取れるとか、身も蓋《ふた》もない広告のほうが、おっぱいが大きいというセクシーさで訴求する広告よりも下品だし、人前にさらしてはいけない日本語だと思います。それこそ何のイマジネーションもなくて、身体の身も蓋もない現実を出して耳目をひこうとしているわけですよ。

あるいは、一斉に侵入してくる敵を倒して自分の領地を守るようなゲームの広告があるじゃないですか。これって、とにかく自分一人だけが勝ち残ればいいというネオリベの表象だと思うんですよ。でもリベラルな人たちがあの類のゲームをそんなに叩《たた》いてるようには見えない。あまりにもどうしようもないから無視しているのかもしれないけど、そちらはスルーしておいて、性的表象のほうばかりを問題にするのはアンバランスに感じます。

いつ襲ってくるかわからない外敵を全部ぶっ倒すという身も蓋もなさは、汚い角質や角栓なんてぼろぼろ取れればいいという身も蓋もなさと、基本的に通底しているし、そういう身も蓋もない広告のほうがよっぽど世の中の闇を表していますよ。

感情の時代

柴田　その身も蓋もなさという点では、角質や敵から領地を守るゲームだけじゃなくて、差別反対を掲げる組織やＮＰＯの広告もひけをとりません。私が個人的に嫌いなのは、YouTube によく出る広告で、発展途上国の困窮している子供が出てきて、名前とその子の持ってるストーリーが紹介され、この子を助けますか、募金しましょうみたいなメッセージが出てくるものです。すごい下品だと思います。

二村　それって、こちらの生理的な苦痛とか罪悪感とかに訴えてくる、言ってみれば脅迫ですよね。

千葉　そう。むき出しなんですよ。味わいを判断させるんじゃなくて、直接何か刺激を入れてくる。情動の時代や情動論的転回と今いわれているように、理性的反省より、感情や情動の力を見つめ直しましょうということが、左派の文脈でも右派の文脈でもいわれています。

　ほのめかし的なエロが許せなくなっていることと、むき出しの広告があふれることとは多分関係していて、ほのめかし的なものはメタファーですね。だからいまは、メタファーに耐えられなくなっているんですよ。そもそも、我々の性的関係や恋愛関係なんてメタファーによる文学だったわけで、それがダメになるということは単なる生殖行為や家族形成だけになっちゃうんです。むき出し化になるわけね。

だから、安全で変な性的なニュアンスのないセックスに向かっていく単純さやストレートさは、まさに鼻の角栓がぼろぼろ取れますよということの単純さと同じだし、今日のさまざまな政治的訴えが直情化していることの単純さとも同じじゃないかと思うんです。

柴田 それは物語（ナラティブ）や感情の欠陥でもあるんですよね。紛争や内戦が起きている国が、「敵対国・敵対者のせいで、かわいい子供がこんなに悲惨な目にあっています」という平板な物語をふりまいて世界中を巻き込もうとしたりする。あるいは、自国民を一丸にするプロパガンダとして機能させている現状もありますね。結局、事実や微妙なニュアンスよりもわかりやすいストーリーをみんなが求めているんです。

千葉 そういう感情的な物語がぶつかり合うポスト・トゥルースの時代に入っている、とよく言われるわけですよね。それはどうやら、むき出しの身体性や即物性と関係してるんじゃないか、というのが僕の仮説です。

二村 むき出しで怒ってくる人との対話は本当に難しい。とくに人の尻馬《しりうま》に乗ってキレてる人って、自分が変わる気は一切ないわけだから、対話にはならない。僕は、話をした結果おたがいが変わることができたというのが対話だと定義してるので、自分

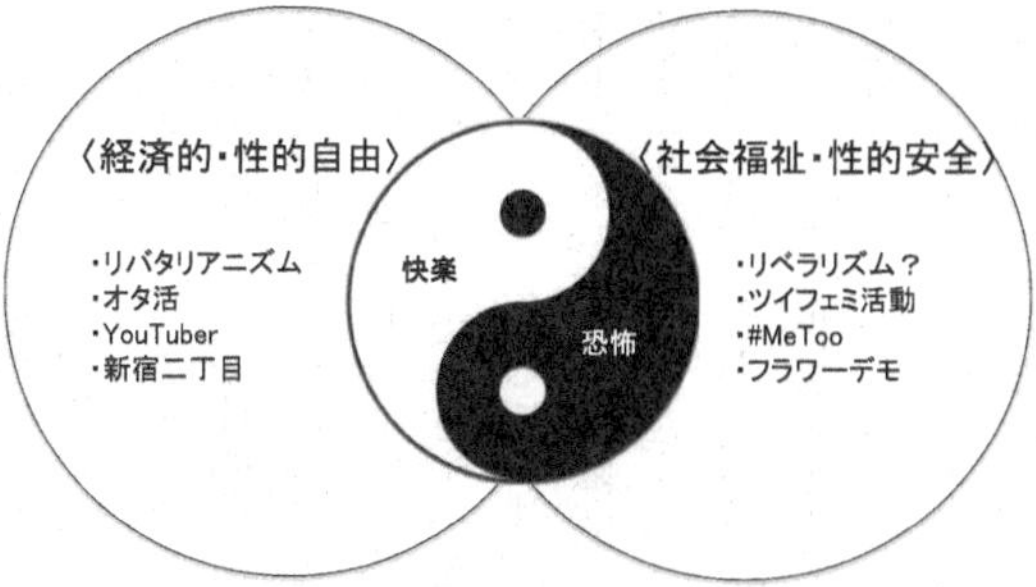

図1　オタクとフェミニストの対立

は変わらずに相手だけを改めさせようという意図でするのは、それは対話じゃないと感じます。

相手が間違っていると決めつけて、その間違いのせいでとにかく自分は傷ついた、間違いはこの世にあってはならないと言う。くりかえしますけど、僕はその傷つき、その人が感じた「痛み」は尊重したいんですよ。そもそも最初は痛みを自覚できないくらい抑圧されていた人が、痛がって怒ることができるように「変われた」わけだし。でも怒ることができるようになったばかりの人は、今はそれ以上は変わりたくないのかもしれない。今は怒りを味わっていたいのだとしたら、その人とは対話しないほうがいいと、僕も思うようになりました。

複雑化する対立図式

柴田　最近のネットの中の炎上や対立は、相手の言い分などどうでもよくて、相手を憎むために燃料を投下しているような感じになっているんです。その一番根底にあるのは、快楽と恐怖の対立です。たとえば、オタクとフェミニストの対立では、オタクは快楽側で、フェミニストは恐怖なんですね（図1）。図を見るとわかるように、オタ活やYouTuber、新宿二丁目も、自分の快楽や楽しさが経済的自由や性的自由に基づいてるんだけれど、そこにすごく怒って敵対している人は性的な恐怖が芯にあるから、社会福祉や性的な安全を求めるわけです。

ただ、こういう二つの大きな対立はまだわかりやすいんですね。最近はさらに複雑化しているんですよ。一番大きく変わったのは、インターネット、主にTwitterでフェミニストとして固まっていた層が大きく二つに割れているんです。一つは、TERF（トランス排除的ラディカル・フェミニスト、Trans-exclusionary radical feministの略語）といわれるような、産む性としての生物学的女性のアイデンティティの強い人たち。もう一つは、構築主義的に女性のアイデンティティを持っている人たちとその擁護者であるTRA（トランス権利運動家、Trans Rights Activistsの略語）です。

加えて、リベラルメディアのフェミニズムが勢力を拡大しています。#MeTooをはじめ、インフルエンサーやフェミニズム活動家が問題提起や告発を行い、それをフェミニズムに親和的なメディアが拡散することで、対立がどんどん激しくなっていく。

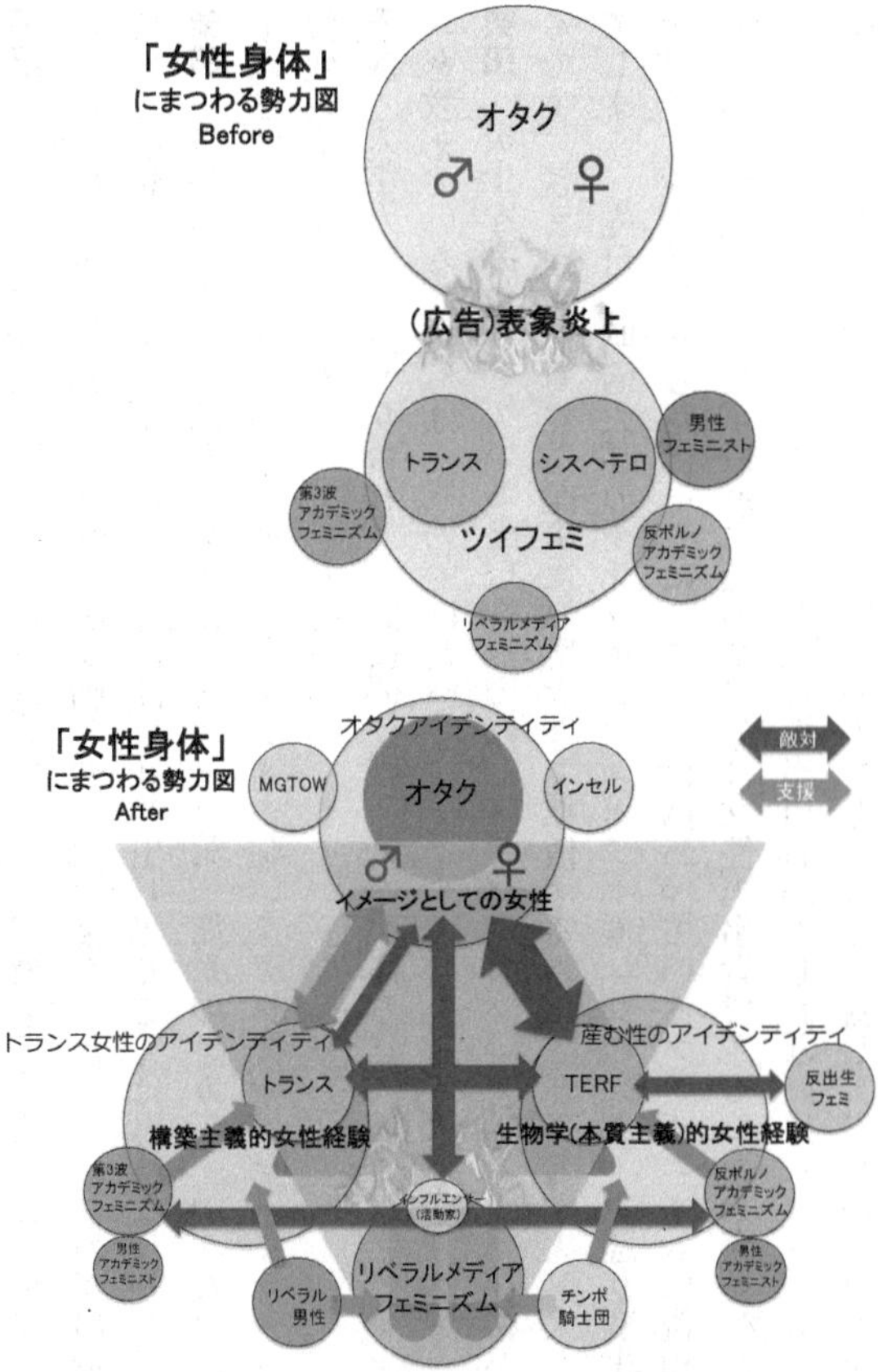

図2　「女性身体」にまつわる勢力図

それが今の戦況ですね（図2）。

千葉　大きく言えば、女性性を本質主義的にとるか、構築主義的にとるかで割れている。とくに、本質主義的な女性経験を強く押し出すようになってきたのが最近の特徴で、九〇年代には本質主義がこんなに前にせり出してくるとは思わなかった。

柴田　さらにいうと、両者の対立は、それぞれ第三波系のアカデミックなフェミニストたちと、反ポルノ系の第二波のニュアンスが強いアカデミックフェミニストたちの代理戦争的なことにもなっているんです。

千葉　大学人は直接やり合わず、間接的に戦うことがある。当然、大学でフェミニズムを教えている人たちは一枚岩ではない。

柴田　炎上を激化させているという点では、メディアのフェミニズムの存在が大きいんです。さまざまな対立を記事にして大きく拡散するので、どんどん火が大きくなってしまう。先日、明治大学のオンラインシンポジウム「ジェンダーを巡り変化するメディア[3]」を視聴しました。そこにメディアに携わっているフェミニズムに親和的な女性たちが登壇していて、最近になって自分は女性当事者であることを発見したと複数人がいうんです。私は「あなたたちは女性当事者かもしれないけれども、メディアに携わってそれを拡散するメディアの中の人であることに対してどういう意識を持っていますか」という質問をしましたが、回答はいただけませんでした。

千葉　メディアはメタ視点を持たなければいけないから、当事者という内在的な視点だけで、この人がいいとかこの記事がいいと判断されては困るわけです。ところが、実際はかなり無節操でしょう？　たとえば産む性のような議論と、構築的な女性性の議論って難しい関係にあるのに、どっちの記事も載っていたりする。それどころか、そもそもそこに問題の違いがあることも、メディアの人はよく知らなかったりする。

この図は別に柴田さんが勝手に描いてるわけじゃなくて、ある程度事情がわかっている人だったら、こういうことは頭に描いてると思うんです。というか、これぐらいの対立構図がわかってないんだったら、フェミニズムは語れないはずなんです。だけど、わかってない人にかぎって、何かの特定の立場をフェミニズムの代表みたいにいう。

柴田　しかもメディアに携わっている人間が一当事者の女性を前面に押し出す場合、いろいろな人たちの事例をそれぞれの当事者の問題と接続して無節操に拡散してしまうから、さまざまな差異がぐちゃぐちゃになって、より戦況が悪化するんですよ。

（3）オンラインシンポジウム「ジェンダーを巡り変化するメディア」、朝日新聞社メディアデザインセンター「かがみよかがみ」編集部・明治大学情報コミュニケーション学部ジェンダーセンター主催、二〇二〇年一〇月二四日開催。https://www.meiji.ac.jp/infocom/gender/info/6t5h7p000039ug0g.html

二村　企業広告はあいかわらずよく炎上しているけれど、炎上するとすぐに企業は謝罪して取り下げるようになってませんか。

柴田　ただ、最近の広告クリエイティブに関しては光が見えてきた面もあります。マルちゃん正麺の漫画広告でこういうものがありました。

母親が外出中に、父親が子守をしながらマルちゃん正麺を作る。母親が帰ってくると、台所の後片付けはしないまま。最後のコマで、夫婦ふたりで洗い物をするという漫画です。つまり、これがめちゃくちゃ炎上したんですけど、いま説明したのは第一話なんですね。つまり、漫画は第二話以降もあって、全体として子供の成長と夫婦の関係性の変化が展開していく物語を描くものでした。だから、東洋水産《とうようすいさん》は謝罪はせずに、全話の公開を続け、それによってこの漫画がなんら炎上すべきものではなかったことを示したんです。

二村　毅然とした態度で炎上を切り抜けたんだね。

偶然性への忌避感

二村　安全なセックスを求めていくと、千葉さんがいうように、セックスは子供を産むときだけという方向に進んでいくし、そのうち恋人も夫婦もセックスはなるべくしないで、みんなが人工授精で家庭を築いたほうが平和だって話になっていくのかな。できちゃった婚によって、まだ親になる気がなかった父親から母親へのDVや子供への虐待が起きるケースだってあるわけだし。

柴田　でも、当事者たちが本当にそれが最低最悪だと思っていないケースもあるにはあるんです。二〇一三年、二〇一四年くらいまでは、ギャル系のブログでは、性と暴力の話がカジュアルに語られていました。もちろん語り手が本当のことを言っているかはわかりませんが、「高二のとき、元カレにはらまされたんだけど、彼がマジDV野郎だったので、キックされて流産しちゃった」みたいなことが、カジュアルに女性読者に向けて書かれていました。今はそういうのはなくなりましたね。

千葉　それが自虐として成立しなくなったということですよね。

柴田　そうです。自虐ネタでありつつ、一種の癒《いや》しの場でもあったっぽい。似たような経験をしている子たちが、コメント欄に「DV男はマジ駄目だよね」と書き込んで、癒し合いをしたり。そういう自助グループみたいなものが自然発生的にできていたんですよ。

千葉　そういうことが起こったとき、自分の権利が侵害されたと言うべきなのか、それとも人生の中の嵐だったということなのか、という線引きをどこで引くかが問題になるわけですよね。もちろん程度の問題があるんだけど、すべてを自分の意志でコントロールするべきで、不当な被害は被るべきでないという話になっていったら、できちゃった婚なんてあり得なくなる。性の偶然性は否定して、すべて選択的になっていくわけだから。

二村　偶然を忌避して確実なものを求めていきたいという点では、さっきのむき出しの下品な広告と同じだよね。不快な印象は与えるけれど、とにかく広告効果があるからいいんだと。

千葉　角栓がぼろぼろ取れるのと同じように、訴えを起こせばぼろぼろ勝訴が取れるみたいなことですね。損失を避けて何かを獲得することが、どんどんむき出しになっているのは、結局、ネオリベ的にすべてが単純な損得のマインドになったことと関係している気がします。つまり、メタフォリカルな物語の次元がどんどん薄くなり、たただ即物的な損得の話になっていってるのではないかと。

#MeToo の暴力性

柴田　#MeToo も勝ち馬に乗るか乗らないかみたいな時流になってきている気がして。私は初期から #MeToo を批判し続けているから、#MeToo された側の人たちからの相談が複数ありました。あるいは、表向きには私の #MeToo 批判に怒っている人たちからも、「告発と実際は違う」という情報共有を受けることも何度かありました。

本来、ハラスメント案件は、当事者、第三者も含めてさまざまな聞き取り調査をして、客観的な状況を判断しながら事実を解明していくという長期的なプロセスが必要なはずです。それがすっ飛ばされて、「私は被害にあった」という強烈な一言を誰かが発したら、その勝ち馬にわっとみんな乗ろうとする。

二村　今後、よく調べてみたら自称被害者が全部うそをついていましたという事例は絶対に出てくるよね。

柴田　実際に、#MeToo を告発された側が自殺した例は出てますからね。いまのところ、#MeToo の告発を受けた側は仕事や名誉を不当に奪われても泣き寝入りするしかないんです。以前、ネット上のデマによって、お笑い芸人のスマイリーキクチが女子高生コンクリート詰め殺人事件の犯人に仕立てられましたが、彼は自分が犯人じゃないというエビデンスを出しても、誹謗中傷が十年近く続いたそうです。名誉は一瞬で失うけど、たとえデマであってもそれを回復するには一生かかるかもしれない。いまは、その暴力性に対してあまりに鈍感です。

千葉　基本的に法のデュー・プロセスを無視したリンチですよね。僕も当初から #MeToo には批判的です。法的システムそれ自体に不当な面があるから、これまで問題を俎上《そじょう》に載せることができなかったと言うわけだけど、でもそれを破壊し始めたらそれこそ法治国家ではなくなってしまう。問題提起はわかるけど、問題提起にとどめておくことができず、それを超えて野放図に直接人の名誉を操作する状況になっています。そもそも基本的には当事者間で話すべき問題を、すぐに公的問題にしてしまうのはすごくおかしなことだし、それによって被害にあったほうも加害側もさらに傷つくわけですから、双方のメンタルヘルスを考えてもよくないと思う。

安心・安全なセックスと安心・安全なビジネスはつながっている

二村　ディズニーあたりが制作の主導権を握ってるエンターテインメントも、商業主義がむき出し過ぎて、すごく下品な印象を受けます。僕は昔けっこう好きだった『スター・ウォーズ』シリーズに、完全に関心がなくなりました。

とにかく一から十まで会議で計画されて作られている感じがして、現場での偶然性が生かされる余地がない。老人のオタクの繰り言で申し訳ないんだけど、僕が中学生の頃に放映された『機動戦士ガンダム』の第一作なんて、当てようと思って作ったら、あんなの作れないですよ。当時の番組だってもちろんスポンサーの意向はあったでしょう。でも、おもちゃが売れるような主人公のロボットさえ登場させておけば、あとは作り手が何をやってもけっこう許された。そういう勢いのなかで奇跡のように『機動戦士ガンダム』という怪物的な作品ができてしまった。

柴田　魔法少女ものにも傑作があって、『魔法のプリンセス　ミンキーモモ』の初期がそうなんですよ。『ミンキーモモ』も、最初はおもちゃを売ることありきで始まったアニメだけれど、物語が進んでいくうちにおもちゃ会社とアニメ制作会社がトラブルになり、アニメが予定より早く打ち切られることになりました。その最終回で、ヒロインの魔法少女はおもちゃを積んだトラック（スポンサーであるおもちゃ会社の比喩）にはねられて死んで終わるんですよ。

二村　それはかっこいいね。脚本家の人がすごい皮肉を効かせたってことでしょ。

柴田　『ミンキーモモ』は人気のアニメだったから、小さい女の子たちが見てトラウマをつくったと思います。だっておもちゃを買ってもらった、大好きなモモが唐突にトラックにはねられて死ぬんですよ。それは絶対、今のディズニーのポリコレの発想ではできないじゃないですか。

二村　昭和の子供むけアニメから異常な傑作が生まれた要因として、とりあえずおもちゃさえ販売できれば中身は好きにやってもいいという不文律があったのだとすれば、昭和のAVも完全にそうでした。いちおうパッケージに裸の女性が映っていて映像の中でセックスらしきことさえやっていれば、あとは中身は前衛的な実験映像でも政治批判でもメチャクチャでもわりと何でも許されたというのが昭和のポルノ。
だけど今は、まずネットで話題にならないようなエンタメは作る価値がない。フェミニズム的なものも、逆張りの反ポリコレ的なものも、全部マーケティングです。AVだったら規定の射精回数を厳格にこなさなきゃいけない（笑）、それありきで会議室でアウトラインが作られてしまうから、作品が下品になるんですよ。

千葉　偶然性を排除して確実にしていくことが下品だということですよね。今日の話に重ね合わせれば、安心、安全にセックスすることと、安心、安全に稼げることはつながっているわけです。だから、人のことを優しく取り扱っているように見える、安心・安全な価値観は、ものすごく下品にビジネスを展開することと実は表裏一体になっているということじゃないですか。

さらに精神分析的なことを言うと、安全なセックスを求める人は、変な物語で自分をだましていない、健全なセックスに向かっていると思っている。ところがそういうセックスが実は最も不気味なんだという秘密が抑圧されているんですよ。つまり、最もリアルなセックスは幻想によって守られていないセックスなんですよ。それがいちばん怖いセックスのはずで、まさに繁殖行動としての、無情な運動としてのセックスに実は向かっているわけです。それが、彼らの恐怖をかき立てているような気もするね。本当は幻想があって適当にじゃれ合って多少傷つけ合うセックスのほうが、よっぽど物語的で安全なんですよ。

だから、こういう逆説があるんです。精神分析的に言って、人間は本当のセックスに直面できない。セックスって脱主体化するものだから、そこに何らかの物語を被《かぶ》せるわけです。だけどその物語をウソだと思ってしまう。あれは望んだセックスじゃなかったと、物語の否定に走るんだけど、なぜそうするかというと、本当のセックスの持っているトラウマ性が、物語というカバーの裏からささやきかけてくるんですよ。本当のセックスはもっと怖かったはずだ。おまえが信じているその物語はウソなんじゃないのか。その物語を否定してやれ、と。

身も蓋《ふた》もないセックスの恐怖が物語を押し流してしまうんですね。そして人間には繁殖期がなく、つねに性衝動がぼんやりとある。だから、できることなら繁殖期に繁殖するだけになってほしいと思うようになる。だから、僕らはセックスの恐怖に負けずに、物語を維持しなければいけないと思うんです。

柴田　どうやったら維持できるんですかね。

千葉　難しくなっていますよ。レトリックやアイロニーが通じなくなり、ただ単純に情報のやりとりだけになっているわけだから。人々が人文系を信用せず、理数系的なものしか信じられなくなっていることも全部つながっているんです。

柴田　今の話は、最近のフェミニズム的なもののひずみと共振しますね。たとえば、フェミニストがポリコレ的な観点から、ディズニーのプリンセスシリーズを研究したもののなかに、プリンセスとプリンスの行動やセリフなどを男女の性別役割の観点で分類し、メディアが特定のジェンダー・イメージを再生産することが子供のジェンダー発達に影響を与えるとする分析があるんです。[4] そもそもおとぎ話が原作であるディズニープリンセスシリーズで男女の性別役割批判をすること自体に限界があるでしょうし、物語の後半から眠ったり声を失ったりする『眠れる森の美女』『リトル・マーメイド』のように、構造的に能動性や発話回数に制限がかかる作品もあります。ジェンダー系の表象分析には、定性的な分析においても定量的な分析においても、子供の視聴者がコンテンツをどのように解釈するかという問題には触れないまま、性別役割描写が子供に影響を与えるかもしれないという考えを強調するものが多くあって、そうした見地は一部の国で広告の規制などにもつながっています。たとえばイギリスの広告基準協議会（ASA）では、やせ過ぎた女性、[5] 家事ができない男性を登場させてはいけないなど、「有害」とされるステレオタイプ表現を禁止する規制をつくっています。[6] 日本でも一部のメディアやジャーナリズム領域のフェミニストたちは、そのイギリスの広告規制を肯定的に評価しているんですね。

物語と身体の分裂

二村　安心・安全な創作や人間関係が求められ、偶然や傷つきが忌避されるような流れは、おそらく行くとこまで行きますよね。そうなったらセックスは昔以上に隠れたものになって、やりたい人だけが社会に迷惑を掛けずに、やりたい人同士でなんとかマッチングしてやっていくということになるのでしょう。

その最たるものがバーチャルの世界かもしれない。おじさんでも美少女になれるし、ちんぽを生やしたい女性は生やせる。女性も男性も、周りに知られることなく、好きなように「いやらしい自分」としての理想の性を楽しめるわけです。それで多くの人間の精神の人間性は維持できないですかね。公共の場は安心・安全に支配され、トラ

（４）Gender Role Portrayal and the Disney Princesses : Dawn Elizabeth England & Lara Descartes & Melissa A. Collier-Meek : 2011。「ディズニープリンセス映画にみるジェンダー表現の変容―プリンセスの作動性に注目した量的分析―」：上瀬由美子・佐々木優子、二〇一六年など。

（５）「性差別ＣＭは禁止　英広告業界団体」、BBC NEWS JAPAN、二〇一七年七月一九日。http://www.bbc.com/japanese/video-40651950

（６）「「有害な」男女のステレオタイプ描く広告、イギリスで禁止」、BBC NEWS JAPAN、二〇一九年六月一七日。https://www.bbc.com/japanese/48659092

ブルになりがちな肉体でのセックスは減っていき、千葉さんが言うような私的な物語やメタファーはバーチャル空間に移行していくとは考えられないですか。

千葉 なるほど、そうだとすると、幻想は幻想だけで純化して、生身の身体は非常に無味乾燥な身体になっていくということですね。僕はそれは、人類の歴史という観点からして間違いだと言いたくなる。生身の身体の、現実的なものとしての不気味さが根底にありながら、それが同時に幻想性を帯びることが人間の本来の生き方である、というのが僕の価値観です。

こう言うと保守論客みたいですが（笑）、今の状況を見ていると、本来の人間のあり方を死守しなければならない、と言いたくなります。現実の生身の関係の中に幻想があるのが本来で、バーチャルな空間での幻想はあくまでオプショナルなものですよ。だから、幻想はそっちで満たして、現実は交尾するだけというのは、僕は許容できません。

ただ方向としては、二村さんの言うような形は強まると思います。その結果、セックスが恐ろしいものだという感覚がもっと強く出てくると予想しています。そして、もっと大きくコンセプチュアルに言うと、「意味」は恐ろしいということになってくるでしょう。意味というのは、何かメタフォリカルなものということです。物を手放すと下に落ちる、みたいな単純な作用のことは僕は意味とは呼ばないんだけど、そういう作用のようにしか我々は話ができなくなり、意味を語る人は気持ち悪いと恐れられるようになると思います。

そのことはセックスを失うことと結び付いてるんですよ。人間の脳はそもそも、物が右から左に移動したという単純な認識以上の解釈ができるわけです。そのことで人間は単に生殖するだけじゃなくて、性行為を複雑なものに発展させ、それを不安と快楽が混じる複雑なものとして享受してきたわけです。つまり、僕らが文学を展開できることは、性的倒錯性と本質的な関係がある。それら全部ひっくるめて、気持ち悪いから意味にさわりたくないという感じになっていくと僕は見ています。

幻想がこれだけ成り立たなくなってきた一つの理由は、インターネットのおかげで民主化・個別化が進んだことが大きいでしょうね。物語やメタファーには、集団的に文脈を担保すること、もっといえば、何らかの権力や権威に頼って成立する文脈が必要だと思うんですが、権威とか権力を批判し尽くして純粋な平等だけを求めていくと、多分意味って崩壊するんですよ。つまり、民主主義が発達すると、即物的な次元しかなくなっていくんです。

倒錯を恐れるな

二村　現代の傾向に対する千葉さんの批判にはまったく同感だし、僕も自分の活動に火の粉がかかってきたときは抵抗すると思うけど、全体としては諦めている部分もあれば、ポリコレの一部に同意するところもある。その中で、僕自身の欲望を曲げずに上手《うま》く生きていくことを考えています。バーチャルなポルノの制作にも協力しながら、なんとか自分は肉体のセックスの現場にいたい。

ハラスメントにならないように、同時に自分の欲望はつぶさないようにやっていける心得と技術を教えるのが、僕は性教育だと思うんですよ。でも今のリベラルな性教育は前者だけを強調しすぎているし、エロ業界人も安心・安全の性教育ばかりやっている。「私たちが作ってるのはフィクションなので、みなさんは真似しないでください」と多くのAV男優が言うようになってて、それは必要な教育ではあるし我々が生き延びるための方法でもあるんだけど、なにも僕が同じことをいう必要はないとも思う。だから、これからはもっと悪いことや楽しいことを伝えていきたい。それを聞ける耳をもっている人たちに向けて、ってことになっちゃうけど。

柴田　二極化していくという二村さんの指摘はもっともだと思うんですが、快楽をむさぼっている人たちが許せないという人たちこそ、もっと楽しむべきだと思っているんです。というのも、私がコロナと勘違いして味覚障害で七転八倒したのも、後々考えると楽しかったんですよね。自分にとって食事がこんなに官能的なものであることに初めて気付けた。これは、インポになって初めて勃起することの喜びを知るのと似ているんじゃないかと。

楽しいと思ったことに罪悪感を感じずに、とにかく一回楽しんでみて悪いと思ったら後から反省すればいいぐらいのほうが、本当に自分が課題に感じていることも見つけられるんじゃないかなと思うんですよね。ネット上の表象に関して争っている人たちって、本当にその表象で傷ついているのか、本当にそれを問題視しているのかというと、けっこう違うケースもあるように思います。身体喪失の時代だからこそ、エロに限らず、味覚や触覚を振り返って自分の快楽と向き合っていくことが大事なんじゃないですか。

千葉　やや悲観的なコメントをすると、自分の身体を快楽の場にすることが全体的に難しくなっている可能性があるのかもしれない。一番身近な自分の身体を信じることができなくなって、抽象的な正義の議論に乗っかれば、自分が救われるように感じるんですよ。

柴田さんの味覚の経験はすごく豊かな経験で、自分の身体の混乱状態をむしろ深いマゾヒズムとして快楽に転化することを提案しているわけだよね。それはまさに人間が苦痛とともに生きていかざるを得ないことの本質だし、セックスを通過していくときにもそういうマゾヒズムが絶対必要なわけです。

実際、柴田さんは、むき出しになって刺激にさらされて混乱する身体に、象徴性なり幻想性をもう一度帯びさせようとしたわけでしょう? つまり、そういう状況を楽しめばいいというのは、意味を与えることだと思うんですよ。

柴田 倒錯性が大事だってことですね。

文庫版増補2　個人と社会のあいだで

――二〇二二年一〇月二日

フェミニズム・メディア・スタディーズの問題

柴田　フェミニズム界隈の炎上が続く状況を見ると、フェミニズムのメディア・スタディーズが全然発展していないことがわかるんですよ。八〇年代九〇年代あたりは、オーディエンス研究が盛りあがっていました。ある表象を受け手がどのように受容しているかと考えると、決して受け手も一元的に受容しているわけではないですよね。

そういった研究がいま、ほとんど途絶えてしまっています。ポスト・フェミニズムや第三波フェミニズムのアプローチにはあった両義性や多様な解釈というものが、いますっかり消えてしまっているのは、日本のフェミニズムでメディア・スタディーズが発展していないことと関わっている気がします。

千葉　人に何かを見せればその人は洗脳されるという単純な問題じゃなくて、メディアの作動ってもっと複雑なわけですよね。八〇年代ぐらいから、広告を読み解くような研究をはじめとして、メディア研究が活発になり、その成果も蓄積されていきました。少なくとも、文化系の研究をしている人間は、メディアの受容は単純な問題ではないことは当たり前だと思っているわけです。ところが最近は、メディアの影響を単純なプロパガンダのように捉える主張をあちこちで見かけます。人は何か悪い表象を見ると悪い人になる、と。いったいこれまでのメディア研究は何だったのかと言いたくなりますよね。

二村　悪い表象を見ると悪い人になるって、面白いね（笑）。でも、この本で取り上げてきたような表象狩りの事例は、まさにそういうレベルの批判だからね。

千葉　ほんとにそうですよ。柴田さんが言ったように、第三波フェミニズム的な両義性や多様性のようなものがクィアと言われていたけれど、それが忘却された結果、労働や生殖といった論点ばかりが前に出てくるようになりました。そういう論点で男女の非対称性が問題になるのはもちろん必要なことです。でも、そこに引きずられすぎて、これまでの考察の複雑さが全部、流されてしまったような感じになっている。

柴田　実際のメディアの問題が大きいんですよね。ネットのささいないざこざが、ポピュラライズされたインターネットフェミニズムの偏ったフィルターで解釈され、それをリベラル系メディアが拡散し、さらにはお昼のワイドショーで特集されてしまう。メディアに携わっている人は、両義性や中立性を考えてほしいと常々感じています。

二村　敵も味方も興奮させることで、対立を深めさせればますます読まれて金になる、って意図でやってるんじゃないのって思えちゃうんだよなあ……。

柴田　フェミニズム系の問題、というか男女の諍《いさか》いの問題はPVが取れるという側面はたしかにありますね。加えて、前回の鼎談《ていだん》でも語ったことですが、メディア産業に携わっている女性たちのシンポジウムを聴くと、彼女たちが編集の操作性や拡散性の責任にあまりに無頓着《むとんちゃく》であることに驚かされます。日本のフェミニズムがメディア・スタディーズをおろそかにしてきたことの歪《ゆが》みが、偏った表象批判を助長していると思うんです。

千葉　別の言い方をすると、いまになってフェミニズムが発見されている印象がありますね。つまり、まるで新しい話題であるかのように、急に大ざっぱなフェミニズムが語られるようになった。僕は、専門に勉強したわけではないにせよ九〇年代からフェミニズムのことを考えているわけで、その間の変化を見ています。一方で、メディアの人たちが最近急にフェミニズムをかじって、本当に雑なレベルでメディアを方向づけるようなことをやっている。歴史意識が足りないとしか言いようがない。

柴田　メディア論で言えば、戦時中のプロパガンダ論や弾丸効果論レベルのことをメディアに携わるフェミニストが言っている。そんな理論はとっくに批判されている話なのに。

二村　自分にとっては最新の知見だから、まだ全然わかってない連中をギャフンと言わせたり導いたりしたくて理論を使ってる人たちもいるんだろうね。

千葉　でも逆に言うと、最近気づいた人たちって、この一五年ぐらいは状況をそこそこに流していたわけでしょう。本当にリベラルな人だったら、もっと早くから考えていて当然なのに、いまさら気づいてる時点で、結局は地が保守的なんじゃないかと邪推したくもなる。地が保守的だから、そういう人たちがいまさらフェミニズムと言っても、道徳的な話にしかならないのではないかと。

柴田　そうそう。勝ち馬だと思ったところに乗っている人たちですからね。昔はフェミニズムなんてやったら食えなかった。後ろ指をさされるような学問分野だったわけです。そういう金銭と交換できなかったものが金銭と交換できるようになりつつある。そして、「男／女」を雑に切り分けて扇情的に対立を煽り発情を促すような商品の方がPVを稼ぎ注目を集めることができる。その結果、アカデミシャンのなかには、全体の方向性に違和感を持っているのに、フェミニズムがピックアップされる機会なんてそうそうないから、多少粗雑でも肯定しようという人までいる。

千葉　本当のインテリだったら、粗雑な話に関しては批判しなきゃいけないんですよ。だからもう大量の亜インテリが繁殖しているわけでしょ。「万国の亜インテリよ、団結せよ」みたいになってしまっている。

本質主義をどう理解するか

二村　別の話題を振りますけど、千葉さんが以前、生理と男のオナニーによる射精の類似性みたいなことをつぶやいたら、炎上したじゃないですか。もちろん女性だけに多い困難があることは男としてわかっていたいと思うけど、男と女はある部分では似ているところもあるって言うと、なぜ怒る女の人がいるんだろう。

千葉　生殖機能に関わる不可避な現象という意味で言ったつもりなんだけど、女性の立場を男に類比的に理解されてたまるものかという非対称性をどうしても守りたがるわけです。不思議な話で、境界や越境を言ったほうがよっぽどリベラルな議論なんじゃないかと僕は思うんですが。

二村　おもいっきりそう思いますよ。

千葉　ところがそれを言うと、領土に入ってくるなとなる。それこそクィア以前の感覚なんですよね。あの件に関しては当然理解してくれる人もいたので、僕は一切消さなかったですけど。さらに奇妙なのは、男女には似たところがあると言うと怒られるけど、男女は違うと言っても怒られる（笑）。

柴田　歴史的にいうと、もともとジェンダーは、心理学者のジョン・マネーが成長過程の半陰陽者に対し使用し始めた概念で、アンブレラ式に解剖学的特性やセクシュアリティ、養育環境など、本質的なものから構築的なものまで含んだ包括的なタームとして定義されました。でも、アメリカのフェミニストのケイト・ミレットの『性の政治学』をはじめ、第二波のラディカル・フェミニストたちがジェンダーとセックスを明確に区別し二項対立にしたわけですよ。

なぜかというと、本質的なものと構築的なもの、セックスを含むものがジェンダーであると言ってしまうと、本質主義に回収される可能性があったからですね。そこで第二波フェミニストは、本質主義に回収されないように、文化的に構築されたジェンダーと生物学的・本質主義的なセックスを二項対立にすることで、文化的なものの領土を守ろうとしたわけです。

このアンブレラ式だったジェンダー概念を、差別と戦い女性をエンパワーするために二項対立に置き換えたことが、現在のさまざまなジェンダー的対立のコアな部分になってきていると思うんですよ。

千葉　単行本でも少し触れましたけど、本質主義的なものをどう捉えるかは、いずれ大きなテーマになっていきそうですね。元々動かないものがあるという本質主義的な言い方を避けようという方向がリベラルだった。でもそれが行き過ぎて、いまは人間をいくらでも作り替えられるという議論が強く出てきている。それはそれで問題だと思っているんです。やっぱり人間には動かしにくい要素があると言うべきでしょう。

二村　変わらなさと変わることとの、どちらもあるってことですね。千葉さんは『勉強の哲学』のなかで、勉強とはキモくなって、それまでと違うノリを持つことだと言ってるじゃないですか。そこでいう変わることと、変わらない要素があることは、矛盾ではないわけですか。

千葉　『勉強の哲学』でも、いくらでも変わるとは言ってないんです。アイロニーで根拠を掘り下げすぎると何もできなくなるから、ユーモアで横にずれる、視点を変える方向に行く。ただ、視点を変えるのもきりがないから、身体の享楽によってそれを中断する。だから、二回中断するんですよね。そして、最終的中断は何かといったら、もともと自分はこういう人だからという中断で、それが身体の享楽による中断です。

この議論は精神分析的な知見に基づいていて、ラカン派の精神分析では、ある時期から、「治らない部分」があることを強調するようになるんです。分析を深めていくと最後に、精神のなかに何か結石みたいなものが残る。そうなったら、あとはそことと折り合いをつけてうまく生きていくしかない。そこをポジティブに引き受けるんです。

これは脳の器質に還元できる話でもないんです。フロイトはだいたい五歳ぐらいに成人のセクシャリティの基礎はできあがると考えていました。五歳ぐらいまでの構築は、そのあと分析的にいじったところでそうそう変わるもんじゃない。つまり、後天的なものでも、簡単に変えられないものってあると思います。だから、先天的要因で変えられない部分と、後天的に固まって変えられない部分の合わせ技で、変わらないものができている。

それに対して、まったく別人のようになれるというのは幻想であって、変化の潜在性というものの理解に問題がある。最近、VRの広告で「さあ可能性だらけの世界へ」なんて言ってますが、これは可能性だけしかない世界という意味で、ただ夢を見ているのであって、変化の潜在性というのは何らかの有限性とセットでなければ現実化しえません。

柴田　ほとんど変えにくい後天的要素を、生活レベルで実感しやすいのは白米のご飯ですよ。別に生まれつき、白米が主食というわけではないのに、糖質制限で白米を抜くとなるとすごくつらく感じたりしますから。

千葉　後天的だけど、ご飯のデフォルト性って強いですよね。

柴田　日本人は食事のことを「ご飯」と言うぐらいだから。

二村　欧米で食事に誘うときに「パンいこうか」とは言わないもんね。

千葉　僕も、今後一生パンしか食べられないなら、まあつらいでしょうね（笑）。

VRのなかのエロティック・キャピタル

二村　いずれ多くの人がバーチャルで好きなように変身して仮想のセックスをするようになるという未来像は、身体をまったく置き去りにしていると千葉さんは指摘してましたね。たぶん、それでは物足りない人たちは地下に潜って、リアルなセックスにふけると思いますよ。そこには偶然性も残されているでしょう。

僕が将来的にポルノはVRになるよと言うのは、セックスがしたいのにセックスができない人たちや、無意識下ではセックスに関心があるのにそれを認められなくて自分の欲望がわからなくなっている人たちが、VRの世界で安全に解放されてくれればいいなと。全人類がそうなればいいと思ってるんじゃなくて、セックスが好きでリアルにできる人間は、こっそり肉体のセックスを続けるでしょう。

千葉　ちょっと強い言い方ですが、VRは「貧者」の産業になっていくと思います。ここでいう貧しさとは、経済格差、性的ポテンシャル、文化資本の多寡といった多面的な意味です。VRは搾取的福祉とも言うべきマーケットをつくっていく。一方で、「実在性のビジネス」は富裕層が握る。これからのビジネスは、その二面性で考えられていくのではないか。

柴田　ビジネスという点では、YouTuber のように露出する側も二つの方向がありま す。たとえば今、バーチャル YouTuber がけっこう流行《はや》っているじゃないですか。バーチャル YouTuber 界隈では、別のアバターに変更し名前も変えることを「転生」と言います。「転生」というくらいだからもちろん「中の人」のアイデンティティには連続するものがあると考えられているけれど、大きな断絶はあります。一方で、リアルな自分を売りにしている YouTuber は、当たり前ですけど転生はできないですよね。もちろん、バーチャル YouTuber にしたって、モニターの前には生身の自分がいるわけですが、ここにも身体の有限性を大事にする側としない側という対立があるし、今後はその対立がもっと際立っていくかもしれません。

二村　まさに、酒飲み系の YouTuber にはその両方がいます。バ美肉バーチャル YouTuber で今酒ハクノさんという人がいる。目が据わった酔っぱらいの女性が酒焼けした声で毒を吐くみたいなキャラで、中の人が女性か男性かは非公開なんですが、最近どんどんアバターが美しく進化している。他方で、酒村ゆっけ、さんというリアルに美人の酒飲み YouTuber もいる。お二人とも面白いし、人気なんですよ。ただ、ゆっけ、さんのほうは本当の身体があるから、有限の存在です。もちろんハクノさんも永遠に活動するわけじゃないでしょうが、この二人は非常に対照的です。

千葉　エロティック・キャピタルの問題が YouTuber にも関わってきているわけで

すね。

柴田　そう思います。その意味でも、キャサリン・ハキムの『エロティック・キャピタル』はあまりにも黙殺されています。若い女の子のイラストだけで炎上する背景には、資本主義の問題があります。若い女性のエロティック・キャピタルは、資本主義社会の中でめちゃめちゃ価値が高いわけですよね。AV女優のように、二〇代から数年のギャラが一番高い。人生の初期段階でバブルが起きて、後はしぼんでいく。だから、少なくとも生身の人間よりは長期的にエロティック・キャピタルを維持できる美少女のイラストが、一部の女性たちの心を傷つけるのだと思います。

千葉　スポーツ選手と同じですよね。

柴田　同じですね。そこでうまく乗れて、方向転換ができた人はいいんだけれども、バブルが崩壊して浮き上がれなかった人が、ツイフェミ的になるようなケースもあります。あるいはバブルを経験できなかったから、性的資本をとにかく憎むような女性もいる。だから、女性表象の炎上問題は、エロティック・キャピタルに関して見て見ぬふりをしていたことも大きいんですね。それをどう是正するか。若い女、美しい女というだけでは稼げないようにしましょうというのも違うでしょうし。

千葉　性やスポーツに関わるような身体能力と、労働力の問題は複雑に絡み合っていますね。筋肉の力って労働力ですからね。僕は、スポーツというのは肉体労働の象徴じゃないかと思っています。それ自体としては英雄的意味を持たないものとしての肉体労働を、あたかも英雄的であるかのように象徴化する。

二村　そうやって肉体労働を尊く見せて、国家や企業は人々を働かせてきたってことなんですかね。

千葉　そうです。だからオリンピックは国民の祭典になるけれど、学力トップを競うことは国民の祭典にならない。

二村　僕は、勝ち負けのない無駄な筋肉が好きなんですが……。ってことはパラリンピックは、障害者の肉体も経済的に使っていこうという思想にもなりえる?

千葉　そうとも取れますね。パラリンピックも、一面では、社会的包摂とは誰でもきちんと働かせることである、ということなのかもしれない。もちろん、開かれた身体のあり方を肯定するという意味があるわけですが、それが今言ったことの弱音器になっている。

柴田　オリンピックって元々は芸術の祭典でもあったんですよ。でも、芸術の要素はどんどん後退しています。いまだに予算は付くんだけれど、開会式や閉会式という局部的な集中投下になっている。やっぱり、芸術では労働のシンボルにならないんですよね。

千葉　エロティック・キャピタルもスポーツも、どちらも本質主義に関わるテーマですね。身体のどうしようもなさは、社会の表面では語ってはいけないことになっている。でも、それが資本主義を動かしているのは確かなわけです。だから、まさに資本主義の無意識に本質主義の問題があるし、本質主義について考えることは、資本主義の精神分析をすることにもなるわけです。

超ポリコレ的なコンテンツとは？

二村　せっかくの機会なので、またエンターテイメントの話をちょっとだけします。前回は新しい「スター・ウォーズ」の悪口を言ったので、今回は面白かった作品を紹介したいんです。

『BEASTARS』という、知性ある動物たちの社会を舞台にした少年漫画があります。肉食獣と草食獣が同じ学校に通っている。主人公の童貞オオカミは、他のオスともセックスしているウサギと恋愛して、彼は自分の「食欲」を「去勢」しようとするんだけど、そう上手《うま》くはいかない。この物語は最初から分断を前提にしていて、共感しあえれば理解しあえて共生できる、みたいな結論にならない。それでも肉食獣と草食獣は対話をするんですよ。性と暴力は切り離せない、という話でもある。

柴田　『ズートピア』の世界観をもっと意地悪くした感じの作品ですよね。ちなみに作者の板垣巴留さんは、「刃牙」の作者、板垣恵介さんの娘さんですね。

二村　そうなんです。「刃牙」をちょっと意識したのかもしれない、身体障害に関するエピソードも出てきますね。

それから映画でいうとデンマークの『偽りなき者』が、告発が全部嘘だったときに男がどう苦しむかという物語なんです。二〇一二年製作の作品で、今じゃとてもじゃないけど作れない映画ですが、日本では今年ごく短期間、限られた劇場でリバイバル上映されました。原題の『Jagten』は「狩り」という意味です。マッツ・ミケルセンが奥さんに逃げられた幼稚園の先生を演じていて、園児の女の子が「私、先生におちんちん見せられた」と嘘を言う。見せていないんですよ。でも幼稚園の経営者が騒ぎ出して、主人公は社会から追放されてしまう。終わり方もすごくて、誤解が解けてハッピーエンドとか、主人公が不幸なままで死ぬとか、そのどっちでもなく、なんともやりきれない不思議なエンディングなんです。本当に訴えるべき訴えまで思いとどまってほしいわけじゃないけれど、#MeToo の問題を考えるうえでは観ておかないといけない映画です。

最後に日本の映画をもう一本だけ。今、ちょうど公開されている吉田恵輔監督の『空白』です。主演の古田新太が、じつに有害な男性性を演じています。これもまた奥さんに逃げられた男の話ですが、彼は自分本位で、娘に対しても「父親の言うことをきけ」と高圧的にふるまう。その娘が万引きの疑いをかけられて、逃げる途中に車に轢《ひ》かれて死んじゃうんですよ。それから父親はどんどん狂っていく。

僕は有害な男性性がとにかく生理的に嫌いなので、こんなおっさんが近くにいたらほんとにたまらんと思って最初は観てました。しかも、このおっさんが映画の中でさらにひどい状態になっていく。そのまま彼がモンスター化して、最後は自滅するか弱者に倒されて終わりだったら古い映画ですが、これもなんとも言えない終わり方をして僕は混乱しました。キモいおじさんを嫌いなままでいいのだろうかと思わされてしまった。同時に、こういうのが超ポリコレなのかなと思ったんです。ポリコレの側の人たちも、この映画は暴力的な男性に同情的だからダメとは言えないでしょう。そういう単純な作りではない。とにかく登場人物全員が、現実的な奥行きがあるというか、矛盾している生きた人間なんです。吉田監督の映画はどれもそうですが。

長々と話してしまいましたが、こういう漫画や映画にふれると、つまらない映画ばかりじゃない、ポリコレでも反ポリコレでもない超ポリコレ的な面白い作品がぽつぽつ出てきている感じがするんです。

千葉　なるほど。僕の『オーバーヒート』も、そのような意味での超ポリコレを意識しているところがあります。今の状況をそのまま図式化するようなことはしていませんが、具体性のなかで超ポリコレ的なテーマは出ていると思います。

柴田　私が今、コンテンツで気になっているのは、ホロライブというプロダクションに所属する女性バーチャルYouTuberたちです。女性バーチャルYouTuberは、「若く」「美しい」身体の「商品」に加工することであり、オンラインキャバクラと何が違うのかと一蹴《いっしゅう》するフェミニストもいるかもしれませんが、若い女の子が企業の制約がある中で、アイドルのお約束的な方には行かず、個人がわりと自由にやっていたり、そうはいっても企業の商品として、個人の自由の限界が可視化されているところがいいんですね。

とくに私は、宝鐘マリンと赤井はあと（はあちゃま）というキャラクターが好きです。宝鐘マリンは「少年ジャンプ」的な下ネタをめちゃめちゃうまく語るんですよ。下ネタのリアリティもすごい。はあちゃまはグロ表現が多いのが良いです。自分のアバターを殺すサイコホラーみたいな作品を平気で作っちゃう子が、一〇〇万人とか一二〇万人のチャンネル登録者を持っている。どちらも、かわいいバーチャルYouTuberがアイドルの定型的なかわいさとは違うことをやっている、生身の身体ではハードルが高い語りや表現を積極的に行っているのが面白いと思ってます。

個人的なことを安易に政治にしてはいけない

二村　フェミニズム運動に「個人的なことは政治的なことである」というスローガンがありますよね。言ってることはよくわかる。自分の中の苦しみは自分が悪いんじゃなくて、家父長制が悪いとか、それを放置している政治が悪いということですよね。たしかに、そうやって言挙げすることで社会の問題が明らかになるでしょう。だけど同時に、あらゆる政治的なことは個人的なことです。もっと言うと「あらゆる政治的なことは性的な欲望だ」と僕は言いたい。

政治家やシンパが選挙でワアワアやってるのはとても性的で猥褻なことだし（これは「選挙なんてバカバカしい」と言ってるのではありません。僕は投票には必ず行きます）、ネットの炎上も興奮のための儀式です。どんなに政治的にいいことをやっていても、それは自分自身の個人的な欲望や快楽と必ずつながっていることは自覚しておく必要があるように感じるんです。

千葉　かつてはマスメディアが一方的に力を持っていたため、マイナーな論点についてアクティビストが声を上げて主張を届かせることが難しかった。だから、いかに個人が身近なところから社会問題を立ち上げるかというのは大きな課題でした。でも今は、SNSが全面化して、ちょっとしたひと言の不満が瞬時に社会的関心を惹《ひ》くことすら可能になっている以上、個人的なことを安易に政治化していいのかという問いが立つ時期になっていると思います。

　個人的なことは政治的なんだから、どんどん言っていこうと単純には言えない。言えないどころか、むしろSNSで耳目を惹くことが安易な承認欲求を満たすことになるので、真に社会問題を深めて考える手前のところで、さもしい承認欲求の闘争が起こることにもなる。だからむしろ逆に、個人的なことをそう安易に政治的なことにしないという態度も大事になってくる。人生の苦楽を両方飲み込み、個として人生を深めていくような、自分との向き合いがあらためて必要になっていると思うんですよね。そうじゃないと、ちょっと嫌なことがあったら全部社会問題ってことになってしまう。

柴田　表象批判で言うと、普遍化できないような個人の感じた感想を普遍化しようとする傾向を強く感じます。多くの人がその表象から読み取れない、客観性を著しく欠いた読解を「性犯罪誘発の懸念」みたいな強い有害性と結びつけて行うことの妥当性の問題です。街頭インタビューとかでデータを取ってみると、全然違う感想が出てくるのに、あたかもその批判が普遍的で、批判に賛同しない人はミソジニストであるかのような主張をする。そもそもラディカル・フェミニズムの「個人的なことは政治的なこと」というスローガンが、メディア論の変遷もふまえず表象批判に参入すること自体がやっぱり問題だと思ってます。

千葉　偏ったものが一般化されることに、疑問が働かなくなっているということはありますよね。ＳＮＳで社会運動をどんどん焚《た》きつけたい人たちからは嫌われると思うけれど、いま真に倫理的な態度をとるのであれば、むしろ踏みとどまって、私と公の距離をあらためて考える必要がある。単行本では結論的な言葉として、自分自身に引きこもることが必要だと言ったけれど、これは、メディア状況の変化によって、個人的なことは政治的であるという命題をそう安易に信じてはいけなくなったと言い換えることができます。

柴田　個人の経験って両義的なものを含みますからね。

千葉　そう。公に賛成か反対かという話にしてしまったら、人生の深みも何もなくなっちゃうわけですよ。人生には嫌なこともいいこともあるし、嫌なことがある種のエモさを醸し出すようなことだってある。そういうことをなくしていったら、人生は単に損得の計算表だけになってしまう。現在は、そういう計算表として自分の人生を捉《とら》え直しなさいという、とんでもなく悪いプレッシャーが世の中から与えられている。もう一度人生における物語を取り戻す必要があるし、物語というのは単に楽しかったり、正しかったりするわけじゃないですから。

さきほどの二村さんが紹介してくれた作品もそうですが、物語芸術が両義性を描くことはすごく重要です。それは個の人生における両義性をいかに取り戻すかということとつながってくるんだと思います。

柴田　単純な訴訟問題になっていくと、社会自体が貧しいものになりますよね。社会を構成する一人ひとりが両義的であり、複数の価値観を持っているからこそ、そのバランスで社会は成立していた。その個人を単純化して漂白すれば、そのまま社会の構成まで変わってしまいますから。

千葉　個人と社会の糊《のり》として働いているのが両義性なのに、それがなくなって是か非かという利害計算と法的判断で切り分けていったら、もうさまざまなクラスターに分解していって、社会はポロポロと崩落してしまうと思うんですよね。

両義性は面倒くさいけれど、つながりを可能にする。個々人の両義性をより深めることが社会全体をより強靭にすることだと思うんです。

二村　悲観的な問いになるけど、そういう両義性を忘れて、ますます告発社会が進み、ひたすら分断が深まっていく可能性も十分にありますよね。そんなことをやり続けていったら、人類はどうなってしまうんだろう。当然、右でも左でも内ゲバがめちゃめちゃ起きるだろうし。

千葉　だからわれわれの活動によって、それを食い止めるんです（笑）。欲望会議は地球防衛軍なんですよ。

千葉雅也（ちば　まさや）
一九七八年生まれ。東京大学大学院総合文化研究科超域文化科学専攻博士課程修了。博士（学術）。専門は哲学・表象文化論。立命館大学大学院先端総合学術研究科教授。著書に『動きすぎてはいけない――ジル・ドゥルーズと生成変化の哲学』（河出文庫、二〇一七年）、『ツイッター哲学――別のしかたで』（河出文庫、二〇二〇年）、『勉強の哲学――来たるべきバカのために 増補版』（文春文庫、二〇二〇年）、『メイキング・オブ・勉強の哲学』（文藝春秋、二〇一八年）、『思弁的実在論と現代について――千葉雅也対談集』（青土社、二〇一八年）、『意味がない無意味』（河出書房新社、二〇一八年）など。

二村ヒトシ（にむら　ひとし）
一九六四年生まれ。慶應義塾大学文学部中退。アダルトビデオ監督。女性が主導権をもって男性を愛撫する「痴女」、男優が登場しない「レズ」、女性が登場しない「女装美少年」などのジャンルの演出手法を確立した。著書に『すべてはモテるためである』（文庫ぎんが堂、二〇一二年）、『なぜあなたは「愛してくれない人」を好きになるのか』（同、二〇一四年）、『僕たちは愛されることを教わってきたはずだったのに』（KADOKAWA、二〇一七年）、共著に『どうすれば愛しあえるの――幸せな性愛のヒント』（KKベストセラーズ、二〇一七年）、『オトコのカラダはキモチいい』（角川文庫、二〇一七年）など。

柴田英里（しばた　えり）
一九八四年生まれ。東京藝術大学大学院美術研究科彫刻領域修士課程修了。現代美術作家（彫刻中心）。文筆家。主な論考に、「いつまで〝被害者〟でいるつもり？――性をめぐる欲望と表現の現在」（『早稲田文学増刊　女性号』筑摩書房、二〇一七年）、「〝やさしさ〟によって見棄てられる総ての者に捧げるあいらぶゆー――大森靖子のフェミニズム」（『ユリイカ』第49巻7号、青土社）など。

本書は、二〇一八年一二月に小社より刊行した『欲望会議
「超」ポリコレ宣言』を増補・改題し文庫化したものです。

欲望会議《よくぼうかいぎ》

性《せい》とポリコレの哲学《てつがく》

千葉雅也《ちばまさや》　二村《にむら》ヒトシ　柴田英里《しばたえり》

令和3年12月25日　初版発行
令和6年11月15日　再版発行

発行者●山下直久

発行●株式会社KADOKAWA
〒102-8177　東京都千代田区富士見2-13-3
電話　0570-002-301（ナビダイヤル）

角川文庫 22973

印刷所●株式会社KADOKAWA
製本所●株式会社KADOKAWA

表紙画●和田三造

●お問い合わせ
https://www.kadokawa.co.jp/（「お問い合わせ」へお進みください）
※内容によっては、お答えできない場合があります。
※サポートは日本国内のみとさせていただきます。
※Japanese text only

ISBN 978-4-04-400652-5　C0110

角川文庫発刊に際して

角川源義

第二次世界大戦の敗北は、軍事力の敗北であった以上に、私たちの若い文化力の敗退であった。私たちの文化が戦争に対して如何に無力であり、単なるあだ花に過ぎなかったかを、私たちは身を以て体験し痛感した。西洋近代文化の摂取にとって、明治以後八十年の歳月は決して短かすぎたとは言えない。にもかかわらず、近代文化の伝統を確立し、自由な批判と柔軟な良識に富む文化層として自らを形成することに私たちは失敗して来た。そしてこれは、各層への文化の普及滲透を任務とする出版人の責任でもあった。

一九四五年以来、私たちは再び振出しに戻り、第一歩から踏み出すことを余儀なくされた。これは大きな不幸ではあるが、反面、これまでの混沌・未熟・歪曲の中にあった我が国の文化に秩序と確たる基礎を齎らすためには絶好の機会でもある。角川書店は、このような祖国の文化的危機にあたり、微力をも顧みず再建の礎石たるべき抱負と決意とをもって出発したが、ここに創立以来の念願を果すべく角川文庫を発刊する。これまで刊行されたあらゆる全集叢書文庫類の長所と短所とを検討し、古今東西の不朽の典籍を、良心的編集のもとに、廉価に、そして書架にふさわしい美本として、多くのひとびとに提供しようとする。しかし私たちは徒らに百科全書的な知識のジレッタントを作ることを目的とせず、あくまで祖国の文化に秩序と再建への道を示し、この文庫を角川書店の栄ある事業として、今後永久に継続発展せしめ、学芸と教養との殿堂として大成せんことを期したい。多くの読書子の愛情ある忠言と支持とによって、この希望と抱負とを完遂せしめられんことを願う。

一九四九年五月三日

角川ソフィア文庫ベストセラー

三万年の死の教え
チベット『死者の書』の世界
中沢新一

誕生の時には、あなたが泣き、世界は喜びに沸く。死ぬ時には、世界が泣き、あなたは喜びにあふれる。「死者の書」には人類数万年の叡智が埋蔵されている。生と死の境界に分け入る思想的冒険。カラー版。

チベットの先生
中沢新一

チベットの小さな村に生まれたケツン氏。人類の叡智の伝統に学び、チベット仏教の究極の教え、ゾクチェンの修行に励む彼を中国の侵攻が襲う。著者が師と仰いだ高僧の魂の旅と、優しく偉大な文明の記憶を描く。

ありてなければ
「無常」の日本精神史
竹内整一

「世の中は夢か現か現とも夢とも知らずありてなければ」（古今和歌集）。いま、たしかに「ある」が、それは同時に、いつか「なくなる」、あるいはもともとは「なかった」――。「はかなさ」を巡る、無常の精神史をたどる。

哲学は資本主義を変えられるか
ヘーゲル哲学再考
竹田青嗣

現行の資本主義は、格差の拡大、資源と環境の限界を生んだ。これを克服する手がかりは、近代社会の根本理念を作ったヘーゲルの近代哲学にある。今、これをいかに国家間の原理へと拡大できるか、考察する。

西田幾多郎
言語、貨幣、時計の成立の謎へ
永井均

西田が考えた道筋をわかりやすく提示。「私」と「汝」論の展開に加えて、あらたにマクタガートの『時間の非実在性』の概念を介在させ、「時計」の成立を扱った文庫版付論で新しい視点を開く。

角川ソフィア文庫ベストセラー

日本の思想をよむ
末木文美士

社会と国家、自然と人間、宗教、身体――。日本の思想を代表する45の古典をとりあげ、日本の思想と文化を探る思想史入門書。古事記、仏典から、憲法まで。未来を考えるヒントは、ここにある。

増補 仏典をよむ 死からはじまる仏教史
末木文美士

従来の固定観念から解き放ったとき、仏典は今日に生きる思想書となる。仏教の本質は、異形の他者との関わりにある。ブッダの死後、残された人々の超克のなかに成立を求め、親しみやすい現代語訳で読み解く。

幸福論
アラン
石川　湧＝訳

幸福とはただ待っていれば訪れるものではなく、自らの意志と行動によってのみ達成される――。哲学者アランが、幸福についてときに力強く、ときには瑞々しく、やさしい言葉で綴った九三のプロポ（哲学断章）。

方法序説
デカルト
小場瀬卓三＝訳

哲学史上もっとも有名な命題「我思う、ゆえに我あり」を導いた近代哲学の父・デカルト。人間に役立つ知識を得たいと願ったデカルトが、懐疑主義に到達する経緯を綴る、読み応え充分の思想的自叙伝。

新版 精神分析入門 (上)(下)
フロイト
安田徳太郎・安田一郎＝訳

無意識、自由連想法、エディプス・コンプレックス。精神医学や臨床心理学のみならず、社会学・教育学・文学・芸術ほか20世紀以降のあらゆる分野に根源的な変革をもたらした、フロイト理論の核心を知る名著。

角川ソフィア文庫ベストセラー

自殺について
ショーペンハウエル
石井　立＝訳

誰もが逃れられない、死（自殺）について深く考察し、そこから生きることの意欲、善人と悪人との差異、人生についての本質へと迫る！　意思に翻弄される現代人へ、死という永遠の謎を解く鍵をもたらす名著。

饗宴
恋について
プラトン
山本光雄＝訳

「愛」を主題とした対話編のうち、恋愛の本質と価値について論じた「饗宴」と、友愛の動機と本質について論じた「リュシス」の2編を収録。プラトニック・ラブの真意と古代ギリシャの恋愛観に触れる。

君主論
マキアヴェッリ
大岩　誠＝訳

ルネサンス期、当時分裂していたイタリアを強力な独立国とするために大胆な理論を提言。その政治思想は「マキアヴェリズム」の語を生み、今なお政治とは何かを答え、ビジネスにも応用可能な社会人必読の書。

幸福論
B・ラッセル
堀　秀彦＝訳

数学者の論理的思考と哲学者の機知を兼ね備えたラッセル。第一部では不幸の原因分析と、思考のコントロールの必要性を説き、第二部では関心を外に向けバランス感覚を養うことで幸福になる術を提案する。

幸福論
ヒルティ
秋山英夫＝訳

「人の精神は、ひとたびこの仕事に打ちこむというほんとうの勤勉を知れば、絶えず働いてやまないものである」。すべての働く人に響く言葉の数々。仕事に行き詰まったとき、人生の転機に立ったときに。

角川ソフィア文庫ベストセラー

若者よ、マルクスを読もう
20歳代の模索と情熱
内田 樹
石川康宏

『共産党宣言』『ヘーゲル法哲学批判序説』をはじめとする、初期の代表作5作を徹底的に嚙み砕いて紹介。その精神、思想と情熱に迫る。初心者にも分かりやすく読める、専門用語を使わないマルクス入門！

マルクスを再読する
主要著作の現代的意義
的場昭弘

資本主義国家が外部から収奪できなくなったとき、資本主義はどうなるのか？ この問題意識から、主要著作を読み解く。〈帝国〉以後の時代を見るには、資本主義〝後〟を考えたマルクスの思想が必要だ。

増補「戦後」の墓碑銘
白井 聡

「平成」。国民益はもとより国益とも無縁な政治が横行するようになった時代。昭和から続いた戦後政治は、崩落の時を迎えている。その転換点はいつ、どこにあったのかを一望する論考集が増補版で文庫化！

新版 増補 共産主義の系譜
猪木正道

画期的な批判的研究の書として、多くの識者が支持した名著。共産主義の思想と運動の歴史を、全体主義に抗す自由主義の論客として知られ、高坂正堯ら錚々たる学者を門下から輩出した政治学者が読み解く!!

宗教改革の物語
近代、民族、国家の起源
佐藤 優

宗教改革の知識を欠いて、近代を理解することはできない。なぜなら、宗教改革は近代、民族、国家、ナショナリズムの起源となったからだ。現代の危機の源泉に挑む、原稿用紙1000枚強の大型論考!!

角川ソフィア文庫ベストセラー

仏教の思想 1
知恵と慈悲〈ブッダ〉
増谷文雄
梅原猛

インドに生まれ、中国を経て日本に渡ってきた仏教。多様な思想を蔵する仏教の核心を、源流ブッダに立ち返って解明。知恵と慈悲の思想が持つ現代的意義を、ギリシア哲学とキリスト教思想との対比を通じて探る。

仏教の思想 2
存在の分析〈アビダルマ〉
櫻部建
上山春平

ブッダ出現以来、千年の間にインドで展開された仏教思想。読解の鍵となる思想体系「アビダルマ」とは？　ヴァスバンドゥ（世親）の『アビダルマ・コーシャ』を取り上げ、仏教思想の哲学的側面を捉えなおす。

仏教の思想 3
空の論理〈中観〉
梶山雄一
上山春平

『中論』において「あらゆる存在は空である」と説き、論理全体を究極的に否定して根源に潜む神秘主義を肯定したナーガールジュナ（龍樹）。インド大乗仏教思想の源泉のひとつ、中観派の思想の核心を読み解く。

仏教の思想 4
認識と超越〈唯識〉
服部正明
上山春平

アサンガ（無着）やヴァスバンドゥ（世親）によって体系化の緒につき、日本仏教の出発点ともなった「唯識」。仏教思想のもっとも成熟した姿とされ、ヨーガとも深い関わりをもつ唯識思想の本質を浮き彫りにする。

仏教の思想 5
絶対の真理〈天台〉
田村芳朗
梅原猛

六世紀中国における仏教哲学の頂点、天台教学。法然・道元・日蓮・親鸞など鎌倉仏教の創始者たちは、最澄が開宗した日本天台に発する。豊かな宇宙観を湛える、天台教学の哲理と日本の天台本覚思想を解明する。

角川ソフィア文庫ベストセラー

仏教の思想 6
無限の世界観〈華厳〉

鎌田茂雄
上山春平

律令国家をめざす飛鳥・奈良時代の日本に影響を与えた華厳宗の思想とは？　大乗仏教最大巨篇の一つ『華厳経』に基づき、唐代の中国で開花した華厳宗の複雑な教義をやさしく解説。その現代的意義を考察する。

仏教の思想 7
無の探求〈中国禅〉

柳田聖山
梅原猛

『臨済録』などの禅語録が伝える「自由な仏性」を輝かせる偉大な個性の記録を精読。「絶対無の論理」や「禅問答」的な難解な解釈を排し、「安楽に生きる知恵」という観点で禅思想の斬新な読解を展開する。

仏教の思想 8
不安と欣求〈中国浄土〉

塚本善隆
梅原猛

日本の浄土思想の源、中国浄土教。法然、親鸞の魂を震撼し、日本に浄土教宗派を誕生させた善導の魅力、そして中国浄土教の基礎を創った曇鸞のユートピア構想とは？　浄土思想がもつ人間存在への洞察を考察。

仏教の思想 9
生命の海〈空海〉

宮坂宥勝
梅原猛

「弘法さん」「お大師さん」と愛称され、親しまれる弘法大師、空海。生命を力強く肯定した日本を代表する宗教家の生涯と思想を見直し、真言密教の「生命の思想」「森の思想」「曼荼羅の思想」の真価を現代に問う。

仏教の思想 10
絶望と歓喜〈親鸞〉

増谷文雄
梅原猛

親鸞思想の核心とは何か？　『歎異抄』と「悪人正機説」にのみ依拠する親鸞像を排し、主著『教行信証』を軸に、親鸞が挫折と絶望の九〇年の生涯で創造した「生の浄土教」、そして「歓喜の信仰」を捉えなおす。